2 U

"Échos dans l'Obscurité:
L'Histoire de Sinead O'Connor"

Par : Christian Francesco Schio & Luisa Dulac
Préface : Christina Grey
Assistance : Maida Foscaro
Édité en 2023

L'Histoire de Sinead O'Connor

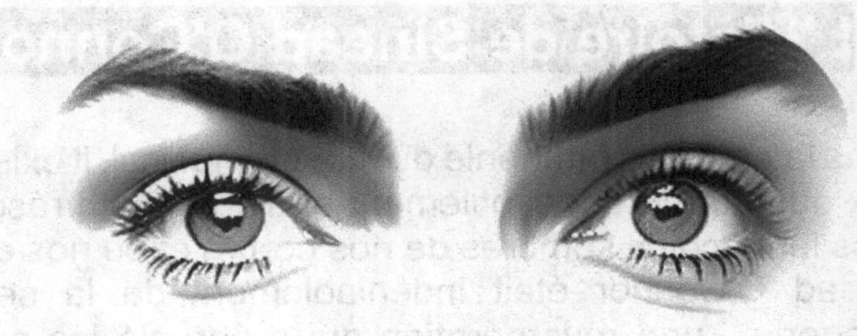

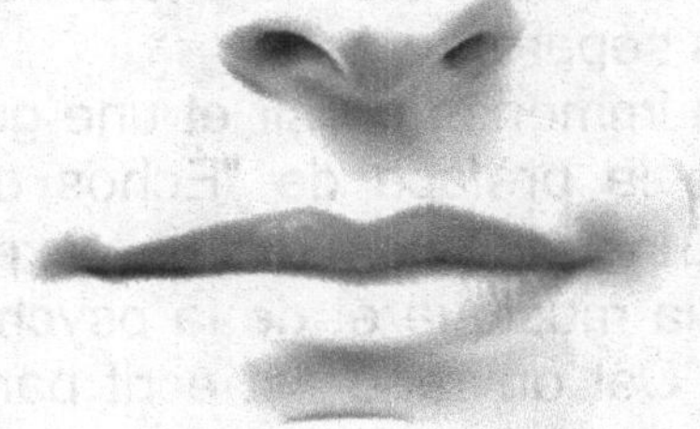

Échos dans l'Obscurité

Depuis le bureau de Christina Grey, critique de musique et fervente adepte des échos d'une artiste authentique et évocatrice:

Préface de "Échos dans l'Obscurité:

L'Histoire de Sinead O'Connor"

Dans la grande symphonie du monde musical, il existe des voix qui murmurent subtilement et d'autres qui résonnent dans les recoins sombres de nos cœurs et de nos esprits. Sinead O'Connor était indéniablement de la seconde catégorie - une réverbération qui a ébranlé les normes, brisé les conventions et nous a laissé avec un portrait brut, non filtré et résolument vrai de la vie, de la musique et de tout ce qui les sépare.

C'est avec un immense plaisir et une grande anticipation que je rédige la préface de "Échos dans l'Obscurité : L'Histoire de Sinead O'Connor", une exploration complète de la vie, de la musique et de la psyché de cette artiste remarquable. Cet ouvrage est écrit par deux personnes dont l'expertise et la perspicacité se sont harmonieusement combinées pour créer une biographie qui transcende le domaine des simples dates, événements et discographies.

Christian Schio, réputé pour sa capacité à tisser des récits factuels en une narration captivante, dresse un portrait minutieux de la vie et de la carrière de Sinead. Il nous guide à travers le labyrinthe de son parcours - les hauts et les bas, les pics et les vallées, et tout ce qui l'a façonnée en tant qu'artiste. L'objectif de Schio, détaché mais empathique, offre une vue panoramique du voyage de Sinead d'une manière à la fois perspicace et engageante.

D'un autre côté, Luisa Dulac pénètre dans le domaine qui se trouve sous la surface. Expert en psychologie, elle plonge dans les couches complexes de la personnalité de Sinead, dévoilant les dimensions émotionnelles, psychologiques et spirituelles de sa vie. Elle met au jour les motivations sous-jacentes derrière les choix de Sinead, les tourments mentaux et les triomphes qui ont coloré sa musique, ainsi que les aspects humains innés qui ont donné de la profondeur à son art. L'analyse de Dulac éclaire les coins sombres, illuminant le voyage de Sinead sous un angle humain unique. Cette collaboration entre Schio et Dulac crée un récit multidimensionnel, plongeant les lecteurs dans le monde de Sinead sous des perspectives variées. C'est une plongée profonde dans l'océan de la vie de Sinead, où vous ressentez les courants sous-jacents de ses moments introspectifs et les puissantes vagues de sa vie publique. Sinead O'Connor était bien plus qu'une simple musicienne. C'était une force, une émotion, un mouvement en elle-même. À travers sa voix, ses paroles et son authenticité inébranlable, elle nous a offert un miroir de l'expérience humaine dans toutes ses formes brutes et réelles. "Échos dans l'Obscurité" capture brillamment cet esprit, rendant hommage à une âme dont les échos continueront de résonner dans les annales de la musique et au-delà.
En parcourant les pages de ce livre, puissiez-vous vous retrouver aux côtés de Sinead dans son voyage, ressentir les échos de sa musique dans votre cœur et comprendre la profondeur de son esprit dans votre âme. Voici un voyage à travers la vie d'une femme qui n'était pas seulement une chanteuse, mais une symphonie en elle-même.

Christina Grey

Christian Schio

Par une froide journée d'hiver à Glenageary, une banlieue paisible de Dublin, en Irlande, une étoile est née. Nous étions le 8 décembre 1966. L'air était vif et clair, portant les doux chuchotements des prochaines fêtes, emplissant les foyers de chaleur et de joie. Au milieu de la liesse de la saison, la famille O'Connor accueillit un nouveau membre - une petite fille qu'ils nommèrent Sinead Marie Bernadette O'Connor.

Nichée au cœur de l'Irlande, Glenageary était un endroit où la tradition rencontrait la tranquillité, où chaque pavé, chaque église et chaque pub de coin racontaient une histoire de passé et d'héritage. C'est ici que Sinead ouvrit pour la première fois les yeux sur le monde, ses premières années s'entrelaçant avec l'étoffe même de cette petite communauté soudée. Sa famille, les O'Connor, était modeste mais solide, des croyants fervents en la puissance de l'unité, de l'honnêteté et de la tradition.

Sean, son père, était un ingénieur structurel de métier, un homme de détermination et de courage. Il possédait une affinité pour la précision, une caractéristique évidente non seulement dans sa profession, mais aussi dans sa façon d'aborder la vie. Marie, sa mère, était couturière avec une passion pour la créativité. Ses doigts agiles, qui dansaient sur les tissus avec grâce et habileté, reflétaient son appétit pour la vie et son amour sans limites pour sa famille.

Sinead était la troisième de quatre enfants, son univers peuplé d'une fratrie animée et énergique. Son frère aîné, Joseph, sa sœur aînée, Eimear, et son frère cadet, John, formaient les piliers de son univers précoce. Ceux-ci étaient les voix qui remplissaient la maison des O'Connor de rires, de larmes et de récits interminables d'aventures quotidiennes. Ils étaient les compagnons de ses escapades d'enfance, la présence réconfortante dans les moments d'incertitude, et les compagnons constants sur le chemin de la croissance.

Dès le début, le foyer des O'Connor était une symphonie d'amour familial, ponctuée de taquineries entre frères et sœurs et de conseils parentaux. Pour la jeune Sinead, c'était la scène où elle commença à comprendre le monde qui l'entourait, l'environnement nourricier qui forma la pierre angulaire de ses années formatrices.

Même à un jeune âge, il y avait quelque chose de remarquablement captivant chez Sinead. Ses yeux portaient une profondeur insondable, et sa voix, même dans son innocence non formée, portait un écho qui laissait deviner une âme profonde. Cependant, le monde devait encore découvrir le talent extraordinaire qui résidait en cette jeune fille ordinaire d'Irlande. La saga de Sinead O'Connor venait à peine de commencer dans le cœur humble de Glenageary, et elle était destinée à devenir une histoire que le monde n'oublierait pas facilement.

Dans le foyer des O'Connor, l'année 1975 marquait un changement sismique, un chapitre enveloppé d'ombre au milieu des souvenirs d'une éducation irlandaise par ailleurs normale. C'était l'année où la jeune Sinead, alors âgée de seulement huit ans, serait introduite dans une réalité complexe à laquelle de nombreux enfants de son âge étaient protégés. L'unité qui avait été le socle de son existence jusqu'à présent se fissurerait, laissant dans son sillage un gouffre de changement, d'incertitude et de bouleversements émotionnels.

C'était un jour ordinaire, de ceux qui semblent s'effacer dans l'obscurité du grand tableau d'une vie. Cependant, pour Sinead, ce jour s'inscrirait dans sa mémoire avec une netteté saisissante. Comme elle le rappellerait plus tard, les événements qui se déroulèrent prendraient une qualité presque surréaliste, une série de moments banals enchaînés, aboutissant à une réalité tout sauf ordinaire.

Le soleil de l'après-midi avait drapé la résidence des O'Connor d'une douce lueur chaleureuse, l'air empli du léger parfum des roses en fleur de leur jardin bien entretenu, lorsque Sean et Marie O'Connor firent asseoir leurs quatre enfants. Au fur et à mesure qu'ils parlaient, leurs voix portaient une gravité qui captivait immédiatement la pièce. Leurs paroles résonnaient avec le poids d'un changement imminent. Sinead, coincée entre ses frères et sœurs, ses petites mains serrées fermement autour de celles de sa mère, écoutait alors que ses parents annonçaient leur décision de se séparer.

La nouvelle tomba sur la pièce comme une ombre, obscurcissant soudain l'ambiance ensoleillée. Pour la jeune Sinead, le monde bascula sur son axe, sa compréhension de la famille et de l'amour s'effaçant aux bords. La révélation, bien que prononcée avec les meilleures intentions et les mots les plus doux, gravait une blessure sur son jeune esprit.

À la suite de la séparation de leurs parents, la vie des frères et sœurs O'Connor prendrait une teinte différente. Le rythme familier de leurs routines quotidiennes changerait, remplacé par une cadence nouvelle et inconnue. Pourtant, malgré les bouleversements, les enfants O'Connor ont fait preuve d'une résilience extraordinaire qui démentait leurs jeunes années. Et au cœur de cette résilience se trouvait Sinead, son esprit vacillant avec une résilience obstinée, un témoignage de sa volonté indomptable.

Alors que le soleil se couchait le jour de l'annonce, les premières étoiles commencèrent à scintiller dans le ciel crépusculaire. Pour Sinead, elles étaient une promesse silencieuse gravée à travers les cieux, un phare d'espoir face au changement. Malgré les épreuves qui se dressaient devant elle, elle demeurait une image de persévérance, sa force laissant deviner la femme remarquable qu'elle deviendrait. Ce n'était pas une fin, mais un commencement. C'était la fermeture d'un chapitre, mais le livre était loin d'être terminé. L'histoire de Sinead O'Connor était toujours en train de s'écrire, le scénario de sa vie commençant tout juste à se déployer. Alors que notre voyage à travers son passé se poursuit, il devient de plus en plus clair que ces premières années, malgré toutes leurs épreuves, furent un creuset, la façonnant et la préparant au chemin que le destin avait tracé.

En 1981, Sinead O'Connor, alors une vive adolescente de quinze ans, se retrouvait au bord du précipice d'un nouveau chapitre de sa vie. Une rencontre fortuite avec Paul Byrne, le batteur fougueux du groupe irlandais In Tua Nua, avait ouvert une porte inattendue à l'École nationale de musique de Dublin. Byrne, enchanté par la profondeur de l'émotion brute dans la voix de la jeune fille, devint un acteur clé de ce chapitre du voyage de Sinead, reconnaissant en elle un diamant brut en attente d'être découvert.

L'École nationale de musique était nichée au cœur de Dublin, son imposant édifice en pierre imprégné d'un riche héritage musical. C'était une institution vénérée non seulement pour son programme rigoureux, mais aussi pour son engagement inébranlable à former les musiciens de l'avenir. En franchissant le seuil de cet établissement, Sinead apportait avec elle un tourbillon d'émotions : anticipation, excitation et une pointe d'appréhension.

Les salles sacrées de l'école étaient imprégnées d'une atmosphère de révérence et de discipline, l'air épais de l'essence de nombreux maestros musicaux qui avaient honoré ses salles de classe. C'est ici que le talent de Sinead, jusqu'alors connu seulement de ses proches, devait être aiguisé, façonné et affiné sous la tutelle de certains des professeurs de musique les plus célèbres du pays.

Les échos de sonates classiques, d'harmonies ludiques et de crescendos puissants emplissaient l'air, formant la bande-son de la vie quotidienne de Sinead. Chaque jour, ses doigts dansaient sur les touches du piano, sa voix se mêlait aux mélodies de ses camarades étudiants, et sa compréhension du langage de la musique s'approfondissait. Le temps de Sinead à l'École nationale de musique ne fut pas seulement une période d'éducation technique, mais aussi une ère d'exploration personnelle. C'est ici qu'elle commença à comprendre la puissance de sa voix, le potentiel de son don et la profondeur de sa passion pour la musique.

Dans ces salles de classe, au milieu d'une cacophonie d'exercices instrumentaux et de leçons de chant, Sinead n'était pas seulement une élève ; elle était une artiste en herbe attendant de s'épanouir. Elle absorbait les théories musicales enseignées par ses instructeurs, mais elle apprenait aussi à écouter le rythme de son cœur, à aligner les battements de son âme avec le tempo de sa musique. Ici, elle apprenait à communiquer dans un langage qui transcende les mots et les cultures - le langage de la musique.

À la fin de ce chapitre de la vie de Sinead, la jeune musicienne se retrouvait une fois de plus au bord d'une nouvelle aventure. Les expériences qu'elle avait acquises à l'École nationale de musique resteraient à jamais gravées dans sa mémoire et dans sa musique. Elles devinrent une partie indissociable de son identité musicale, façonnant l'artiste qu'elle deviendrait finalement.

Et ainsi, à la fin de ce chapitre, nous trouvons Sinead non pas à une destination, mais au début d'un voyage. Un voyage qui la mènerait des coins tranquilles de Glenageary aux plus grandes scènes du monde, des plaisanteries enjouées de ses frères et sœurs aux applaudissements de nombreux fans, des murmures chuchotés des rêves d'une jeune fille au rugissement puissant des aspirations réalisées d'une femme. Ce n'était que le début pour Sinead O'Connor, et quel beau début ce fut.

Dans le kaléidoscope des années d'adolescence de Sinead O'Connor, une série d'événements la poussa des environs classiques de l'École nationale de musique vers le ventre brut et éclectique de la scène musicale animée de Dublin. Une séparation imprévue avec l'école laissa Sinead en hiatus non planifié de l'éducation formelle. Pourtant, le destin en décida ainsi, et cette séparation servit de point de basculement dans le parcours musical de Sinead, dirigeant ses pas vers l'éclat accueillant des clubs animés de Dublin.

La scène nocturne de Dublin était un creuset de genres, un mélange tentant de mélodies traditionnelles irlandaises, de rébellion rock and roll et du rythme émergent du punk. Les clubs, baignés dans une lueur néon floue et palpitants de l'énergie de la rébellion juvénile, étaient les berceaux méconnus de nombreux musiciens en herbe. C'est dans ce monde que Sinead, alors une adolescente dont la voix résonnait bien au-delà de ses années, plongea tête la première.

Dans les clubs faiblement éclairés, au milieu du rythme hypnotique des tambours et du grattage sensuel des guitares, Sinead commença à affiner son art sérieusement. Elle échangea ses livres scolaires contre des paroles de chansons, sa salle de classe pour une scène. Les pubs et les clubs de Dublin étaient sa nouvelle école, et les clients, ses nouveaux professeurs. Ses leçons étaient les acclamations de la foule, la catharsis d'une performance bien reçue, et la résilience durable face à une salle vide ou à un public difficile.

Sinead n'était pas seulement une participante à la scène musicale de Dublin ; elle était une contributrice active, ajoutant sa voix unique au mélange. Ses performances, brutes et passionnées, étaient comme une brise fraîche contre le décor des routines bien rodées. Elle était une bouffée d'air frais dans une scène souvent prévisible, une jeune fille énigmatique avec une voix capable de faire taire les foules les plus bruyantes.

Au moment où le rideau tomba sur les années d'adolescence de Sinead, elle n'était plus la jeune fille innocente de Glenageary. Elle était devenue une femme qui avait goûté à l'amertume douce de la vie, une musicienne qui avait joué les accords des critiques les plus sévères du monde, et une artiste qui avait gravé son âme dans chaque note qu'elle chantait.

Ainsi, alors que ce chapitre de la vie de Sinead touchait à sa fin, elle se tenait au seuil de l'âge adulte. Elle était prête à entrer dans la célébrité, son esprit brillant d'une passion ardente pour la musique. Le chemin qu'elle avait choisi n'était pas facile, mais elle le parcourait avec une détermination inébranlable. L'histoire de Sinead O'Connor était une symphonie en cours d'élaboration, chaque chapitre un mouvement unique qui contribuait à la composition majestueuse de sa vie. En tournant la page sur ses années d'adolescence, nous le faisons en comprenant que celles-ci étaient les années formatrices qui ont fait d'elle l'icône musicale qu'elle était destinée à devenir.

Alors que la jeune Sinead O'Connor commençait à trouver sa place dans le monde de la musique, elle se sentait attirée par les voix qui osaient repousser les limites, défier la norme et raconter des histoires qui devaient être racontées. Parmi l'immense océan de musique qui l'entourait, trois influences distinctes ont émergé : la présence éthérée de David Bowie, le récit poignant de Bob Dylan et la rébellion sans filtre des groupes punk des années 70.

David Bowie, avec son charisme hors du commun et sa capacité à se métamorphoser à chaque album, a captivé Sinead. Sa musique éclectique et la théâtralité flamboyante de ses performances sont devenues un phare pour Sinead, la guidant pour comprendre le pouvoir de la personnalité et de la performance dans la musique. Sinead absorberait cette leçon, et en temps voulu, ses propres performances porteraient la touche inimitable de la théâtralité, un soupçon de l'extraterrestre que Bowie incarnait si facilement.

Bob Dylan, le troubadour infatigable, a fait réaliser à Sinead la puissance des paroles, des histoires que les chansons pouvaient raconter. Les mots de Dylan peignaient des images de paysages socio-politiques, d'amour perdu et retrouvé, et des subtilités de la condition humaine. Sinead était touchée par la capacité de Dylan à tisser des récits complexes dans les limites d'une chanson, et elle embrassait l'aspect narratif de l'écriture de chansons, imprégnant sa propre musique d'histoires et de messages qui devaient être entendus.

Les groupes punk des années 70, avec leur énergie brute et leur éthique rebelle, ont inspiré Sinead à être sans excuses dans sa musique et sa personnalité. La scène punk consistait à s'opposer au courant dominant, à créer de l'art viscéral et réel. Cela a profondément résonné en

Sinead, alimentant son désir d'être sans compromis dans sa musique et de ne jamais hésiter à s'exprimer, même si cela devait déranger quelques personnes.

Ces influences, aussi diverses soient-elles, ont toutes joué un rôle significatif dans la formation de la musique de Sinead et de son approche de sa carrière. Les leçons qu'elle a tirées de ces géants musicaux ne concernaient pas seulement comment faire de la musique, mais aussi comment vivre en tant qu'artiste, comment porter son cœur sur sa manche et comment faire compter chaque note, chaque mot.

Alors que ce chapitre de la vie de Sinead tire à sa fin, nous voyons une jeune femme qui, inspirée par les voix qui l'ont émue, était prête à prêter sa voix au monde. Elle était armée de la sagesse de ses idoles musicales, prête à tracer sa propre voie, à raconter ses propres histoires et à laisser le monde entendre la voix puissante qui avait été nourrie dans les pubs et les clubs de Dublin. L'histoire de Sinead O'Connor est une histoire de passion, de résilience et d'un amour inébranlable pour la musique, et à mesure que nous avançons, il devient de plus en plus clair que ces années formatrices ont joué un rôle essentiel dans la formation de l'artiste qu'elle allait devenir. La musique de Bowie, de Dylan et des groupes punk des années 70 avait semé une graine en elle, et il était maintenant temps que cette graine éclate en la voix unique de Sinead O'Connor. Plongée dans la riche tapisserie de la tradition musicale irlandaise, la voix artistique de Sinead O'Connor est devenue de plus en plus forte et distincte. L'histoire musicale de l'Irlande, une symphonie durable de ballades folkloriques, d'hymnes rebelles et de mélodies soul, a fourni à Sinead une compréhension fondamentale du pouvoir que pouvait avoir la musique. Parmi la myriade de voix irlandaises qui chuchotaient leur sagesse à ses jeunes oreilles réceptives, deux se sont révélées particulièrement influentes : Van Morrison, avec sa fusion soulful de folk et de blues, et U2, un phare du rock irlandais sur la scène mondiale.

Van Morrison, dont la discographie englobait une multitude de genres et dont les paroles résonnaient d'une profondeur émotionnelle profonde, a suscité chez Sinead une appréciation de la polyvalence stylistique et du récit sincère. Des chansons comme "Into the Mystic" et "Brown Eyed Girl" ont résonné en Sinead, sa propre sensibilité musicale se reflétant dans l'enchantement de Morrison fusionnant des éléments celtiques traditionnels avec des styles musicaux contemporains. Son mélange audacieux de genres a appris à Sinead que la musique n'était pas limitée par des étiquettes ou des cases ; c'était une entité fluide, une rivière qui adoptait le cours qui convenait le mieux à son flot.

D'autre part, U2, avec leurs puissants hymnes rock et leurs paroles socialement conscientes, représentaient le potentiel de la musique irlandaise à résonner à l'échelle mondiale. Leur capacité à tisser les récits complexes de leur héritage irlandais en une tapisserie sonore qui transcende les frontières géographiques et culturelles était un témoignage du pouvoir universel de la musique. En voyant la montée fulgurante d'un groupe irlandais vers la renommée mondiale, Sinead a été inspirée à croire que sa voix aussi pouvait résonner dans les cœurs et les âmes bien au-delà des côtes de l'île d'Émeraude.

Alors que nous refermons ce chapitre de la vie de Sinead, il est clair que la riche tradition musicale de l'Irlande était devenue une partie de son ADN musical. Les ballades celtiques avec lesquelles elle a grandi, les blues soulful de Van Morrison et les hymnes rock de U2 avaient imprégné sa musique, leurs notes et leurs rythmes résonnant dans ses propres compositions. Alors qu'elle entamait son voyage musical, elle emportait avec elle les leçons apprises auprès de ces icônes irlandaises, leurs influences devenant des pierres de touche sur son chemin pour trouver sa propre voix unique.

Sinead O'Connor n'était pas seulement le produit de ses expériences, mais aussi de la musique qui l'a façonnée. L'harmonie des différentes influences - la rébellion punk, la narration narrative, le charme d'un autre monde, la fusion soulful des genres et la puissance du rock - se mélangerait pour créer une voix distinctive. Une voix qui était sans excuses, puissamment expressive et unique en son genre. Alors que nous tournons la page vers le prochain chapitre, nous attendons avec impatience l'épanouissement de cette voix, prêts à voir Sinead O'Connor entrer sous les projecteurs, le cœur rempli de chansons qui attendent d'être partagées avec le monde.

À mesure que les paysages des influences musicales de Sinead O'Connor s'élargissaient, il en était de même pour ses influences littéraires. Tout comme son cœur dansait au rythme de la musique irlandaise, son esprit parcourait les vastes territoires de la littérature irlandaise. Parmi les œuvres dans lesquelles elle plongea, deux auteurs se sont démarqués par leur impact sur son art - James Joyce, avec ses récits complexes et son style d'écriture novateur, et William Butler Yeats, dont l'exploration poétique de l'identité irlandaise et de la mythologie captiva son imagination.

James Joyce, célèbre pour ses structures narratives complexes et son approche audacieuse de la langue écrite, a éveillé chez Sinead une fascination pour le pouvoir du langage. Son œuvre phare "Ulysse", avec son récit riche en flux de conscience et son exploration profonde des expériences humaines, a illustré pour

Sinead les possibilités illimitées de la narration. Son utilisation de diverses techniques littéraires a ouvert l'esprit de Sinead à de nouvelles façons d'exprimer ses pensées et ses sentiments dans ses compositions musicales, lui permettant de créer des chansons qui transcendaient l'ordinaire et touchaient les sphères de l'extraordinaire.

De l'autre côté du spectre littéraire, William Butler Yeats, un titan de la poésie, a enchanté Sinead avec son mélange magistral de mythologie irlandaise et de thèmes contemporains. Ses poèmes, débordant d'images vives et de profondeur émotionnelle, ont résonné avec l'art de Sinead. La fascination de Yeats pour le spirituel et le mystique reflétait le voyage spirituel de Sinead, et sa représentation évocatrice de l'identité irlandaise s'alignait sur sa propre exploration de ses racines culturelles.
Alors que nous achevons ce chapitre de la vie de Sinead, il devient évident que ces géants de la littérature irlandaise ont eu un impact profond sur son art. Leurs mots ont non seulement ouvert son esprit à de nouvelles perspectives, mais ont également enrichi ses expressions lyriques. Le style narratif innovant de Joyce l'a inspirée à repousser les limites dans l'écriture de ses chansons, tandis que les explorations poétiques de Yeats ont approfondi sa compréhension de sa propre identité et de ses croyances spirituelles.
La littérature de Joyce et de Yeats a offert à Sinead de nouvelles dimensions d'expression et de compréhension, ajoutant une couche supplémentaire de profondeur à ses influences musicales déjà complexes. Elle n'était plus seulement une chanteuse, mais une conteuse, une poète, une voix qui résonnait avec la richesse de l'art irlandais.

Alors que nous nous préparons à entamer le prochain chapitre du voyage de Sinead, il devient de plus en plus clair que son art était un mélange d'influences. Ces influences, musicales et littéraires, l'ont façonnée en une artiste d'une stature unique, une femme qui n'avait pas peur d'explorer et d'exprimer ses pensées et ses sentiments les plus profonds. Une femme qui, à travers ses chansons, était prête à partager sa compréhension unique du monde, une note, un mot à la fois.

L'omniprésence de l'Église catholique dans l'Irlande de l'enfance de Sinead O'Connor a été un facteur puissant dans sa vie, un cadre spirituel inévitable qui informerait plus tard son militantisme et imprègnerait sa musique d'une profondeur inhabituelle. Chaque rue pavée, chaque campagne verdoyante de sa patrie a été touchée d'une manière ou d'une autre par l'ombre longue de l'Église. Enfant grandissant au milieu de cette religiosité palpable, la compréhension de Sinead de la spiritualité, de la morale et de l'identité a été inévitablement façonnée par ces influences.

Les rituels et les cérémonies, les messes et les hymnes, le silence solennel de la prière – tout était tissé dans la trame de ses premières années. La splendeur silencieuse des cathédrales avec leurs voûtes élancées, la douce lueur des bougies contre le fond de pierre ancienne, les murmures des prières ancestrales, le frémissement des chapelets, tout conspirait pour créer un puits profond de mémoire et de sentiment qui résonnerait tout au long de la vie et du travail de Sinead.

Les enseignements de l'Église, les paraboles de compassion et de pardon, les histoires de saints et de pécheurs, l'appel à la justice et à la bienveillance, les mystères de la foi et du doute, se sont gravés dans sa conscience. Ce riche réservoir spirituel n'était pas seulement une source de réconfort, mais aussi un catalyseur pour remettre en question et défier le statu quo, une source d'inspiration qui guiderait son activisme futur. En concluant ce chapitre de la vie de Sinead, l'impact significatif de l'Église catholique devient clairement évident. Ce n'était pas seulement une partie de son environnement extérieur, mais aussi une partie intégrante de son monde intérieur. Sa musique allait porter l'empreinte de cette influence, entrelaçant le spirituel et le personnel, le céleste et le terrestre, le sacré et le profane. Ces premières expériences religieuses ont été une partie formatrice du voyage de Sinead, la façonnant en tant qu'artiste et en tant qu'être humain.

En tournant la page vers le prochain chapitre de sa vie, nous la trouvons entrant dans le monde non seulement avec une chanson dans son cœur, mais aussi avec une conviction ferme dans son âme. Guidée par sa foi et animée par un profond désir de questionner et de défier, Sinead O'Connor se tenait au bord non seulement d'une carrière musicale remarquable, mais aussi d'une croisade passionnée pour la vérité, la justice et l'intégrité spirituelle. À l'âge tendre de dix-huit ans, avec un kaléidoscope d'expériences gravées en elle et une chanson jouant dans son âme, Sinead O'Connor a franchi le seuil de son destin. C'était un moment qui allait déclencher le début d'un voyage remarquable – un pas dans le monde vibrant et palpitant de l'industrie musicale avec le groupe Ton Ton Macoute.
Nomme en référence au légendaire croque-mitaine haïtien utilisé pour effrayer les enfants espiègles, Ton Ton Macoute était connu pour leur fusion de rock et de folk, un son qui balayait les pubs et les clubs de Dublin comme

une brise rafraîchissante. Rejoindre ce groupe était un saut de foi pour la jeune Sinead, une aventure audacieuse dans le monde qui se trouvait de l'autre côté de ses rêves. Elle s'est plongée dans l'expérience, perfectionnant son habileté vocale, devenant de plus en plus à l'aise avec le battement et le bourdonnement de la scène sous ses pieds, les échos d'applaudissements dans ses oreilles. Chaque performance était une révélation, une affirmation de son talent inné, et une promesse de la brillance à venir. Le rythme de leur musique est devenu son battement de cœur, les paroles sa langue, et les membres du groupe ses compagnons dans ce voyage palpitant.

Elle a navigué à travers la scène musicale animée de Dublin avec Ton Ton Macoute, leurs concerts une vivante tapisserie de rythmes palpitants, de lumières scéniques vacillantes et de fans enthousiastes. À travers chaque performance, elle s'est imprégnée de la joie pure de chanter, chaque note un fil dans le tissu de son voyage musical naissant.

Le temps de Sinead avec Ton Ton Macoute était bien plus qu'une simple initiation à l'industrie musicale ; c'était une période transformative qui a forgé son talent dans la fournaise de la performance live, la propulsant d'une jeune femme passionnée par la musique à une artiste authentique sur le seuil d'une carrière éblouissante.

Alors que nous parcourons aux côtés de Sinead ce chapitre passionnant de sa vie, il est impossible de ne pas partager son exaltation. Regarder une jeune étoile en devenir, être témoin de la naissance d'une voix qui allait captiver des millions, c'est contempler la magie extraordinaire des rêves se transformant en réalité. C'était Sinead O'Connor, à peine âgée de dix-huit ans, au bord de la célébrité, prête à offrir au monde son art, sa passion, son esprit inébranlable. Et quel cadeau ce fut !

En 1985, alors que l'année se déroulait avec promesse et potentiel, Sinead O'Connor a franchi une autre étape monumentale dans son voyage musical. C'était un pas qui la propulserait de la scène musicale palpitante de Dublin aux lumières étincelantes de la scène mondiale. Elle a signé son premier contrat d'enregistrement avec Ensign Records, un événement phare qui amplifierait sa voix à l'échelle mondiale.

Signer un contrat avec Ensign Records était bien plus qu'une simple transaction. C'était une validation de son talent, une affirmation de ses rêves et une invitation à laisser sa musique se répandre dans le monde. C'était un moment décisif marqué par la promesse d'un avenir radieux et gravé avec les traits audacieux de la détermination de Sinead.

Le moment où elle tenait le contrat entre ses mains, le poids du papier était palpable, tout comme le poids du moment. L'encre sur le document représentait une promesse - celle de faire entendre sa musique au monde, et celle de rester fidèle à son art. Le document était un témoignage de son travail acharné, des mélodies qu'elle avait enfantées et des paroles qu'elle avait soigneusement façonnées.

En apposant sa signature sur la ligne pointillée, le monde semblait retenir son souffle. La pièce, remplie d'anticipation, était silencieuse et immobile, à l'exception du tic-tac rythmique d'une horloge murale, chaque tic faisant écho au battement du cœur de Sinead. Et puis, avec sa signature ornant le papier, c'était fait. Sinead O'Connor, la jeune musicienne de Dublin, était officiellement devenue Sinead O'Connor, l'artiste enregistrée.

Il y a une certaine magie dans de tels moments de transformation, un sentiment de potentiel se déployant comme l'aube d'un nouveau jour. La signature de son premier contrat d'enregistrement marquait la fin d'un chapitre et le début d'un autre dans la vie de Sinead. Un chapitre qui portait la promesse que sa voix atteindrait des millions, que ses paroles toucheraient des cœurs et que ses mélodies éveilleraient des âmes.

Alors que ce chapitre de la vie de Sinead tire à sa fin, nous regardons en arrière avec admiration le parcours de cette jeune femme passionnée. De ses premiers jours à Glenageary à ses débuts sur la scène musicale mondiale, son voyage a été marqué par le courage, la détermination et une foi inébranlable en son art.

Et ainsi, cher lecteur, nous terminons ce chapitre ici, alors que Sinead se tient sur le précipice d'une carrière extraordinaire, son cœur débordant de mélodies à chanter, son esprit enflammé de rêves à réaliser. Mais ne craignez rien, car l'histoire de Sinead O'Connor est loin d'être terminée. Dans les chapitres suivants, nous l'accompagnerons alors qu'elle monte encore plus haut, s'aventurant dans le monde exaltant de la célébrité mondiale, gravant à jamais son nom dans les annales de l'histoire de la musique.

Avec les vents irlandais de sa patrie encore présents dans son souffle, Sinead O'Connor entra dans un royaume de son et de silence, un domaine où elle commença, pour la première fois, à peindre ses émotions et ses expériences sur la toile de la mélodie et du rythme. Ce chapitre, cher lecteur, débute au cœur de l'art de Sinead - son écriture de chansons.

Lorsque nous plongeons dans le monde de la musique de Sinead O'Connor, nous devons d'abord comprendre la racine de son parcours créatif : son écriture de chansons. Sinead n'a jamais été une simple interprète. Elle n'était pas satisfaite de prêter sa voix seule aux mélodies qui gonflaient dans l'air autour d'elle. Non, elle était une conteuse - elle avait besoin de tisser des récits, d'exprimer son âme, de laisser ses pensées et ses sentiments les plus intimes prendre forme sous la forme de la musique.

La genèse de son processus d'écriture de chansons n'était pas marquée par des événements grandioses ou des moments significatifs. C'était un processus organique, une extension naturelle d'elle-même. Tout comme une fleur ne décide pas de fleurir, elle le fait simplement lorsque les conditions sont bonnes, Sinead n'a pas choisi d'écrire - elle s'est simplement trouvée à le faire. Cela a commencé dans les moments de calme, entre le chaos de sa vie quotidienne, quand elle était seule avec ses pensées, ses espoirs, ses peurs.

Ses premières chansons étaient brutes et non polies, remplies de l'énergie et de l'innocence de sa jeunesse. Elles étaient des instantanés de son monde, des reflets de la femme qu'elle devenait. En tant qu'écrivaine, Sinead avait une capacité étonnante à plonger au plus profond d'elle-même, à explorer les coins sombres de son âme, à questionner, à méditer, puis à tout déverser sous forme de musique.

Il n'y avait pas de méthode particulière à son processus, pas de formule qu'elle suivait. Chaque chanson était un voyage, chaque note, chaque mot, un pas vers la découverte d'elle-même. Il ne s'agissait pas seulement de faire de la musique. Il s'agissait de se comprendre, de communiquer ses émotions et de se connecter avec le monde qui l'entourait. Composer était cathartique pour Sinead, un moyen de donner un sens à sa vie, à ses pensées, à ses luttes.

Chaque accord de guitare, chaque griffonnage sur un morceau de papier, était un point dans la tapisserie de son identité musicale en évolution. Ces premières compositions étaient les graines qui finiraient par éclore en une carrière touchant des millions de cœurs à travers le monde. Pourtant, à cette étape, elles étaient personnelles, intimes - une fenêtre ouverte sur l'âme d'une jeune fille irlandaise qui commençait à trouver sa voix dans le vaste monde de la musique.

Peu savait-elle à l'époque à quel point sa voix voyagerait loin, ou combien de vies elle toucherait. À ce stade, Sinead était simplement une jeune femme découvrant le pouvoir transformateur de l'écriture de chansons, l'utilisant pour donner un sens à son monde, pour exprimer ses sentiments les plus intimes et, dans le processus, commençant à comprendre la profondeur de son propre talent. C'était Sinead O'Connor à son état le plus pur, sans artifice et sans filtre, se tenant au bord d'une destinée qu'elle pouvait à peine imaginer.

Maintenant que nous avons parcouru les premières étapes du voyage de Sinead dans l'écriture de chansons, nous nous tournons vers une autre phase significative de son odyssée musicale - la création de son style unique.

Sinead O'Connor n'était pas du genre à se conformer. Tout comme elle embrassait son individualité dans la vie, elle cherchait à se tailler une place distincte dans le monde de la musique. Sa musique était une fusion de la formation classique qu'elle avait reçue et de l'énergie brute et passionnée du punk et du rock qui résonnait profondément en elle.

Sinead n'a jamais vu la musique à travers un prisme étroit. Pour elle, la musique était un vaste océan, ses vagues capables d'atteindre loin et large, transportant des sons disparates qui pouvaient néanmoins s'harmoniser magnifiquement. Dans ses explorations, elle osait mélanger des éléments apparemment incompatibles. Avec l'agilité d'une artiste de trapèze, elle passait de la grâce et de la précision de la musique classique à l'énergie indomptée du punk rock.

Sa formation classique lui offrait une base solide - une compréhension profonde des mélodies, des harmonies et du rythme. Cela l'a équipée des outils nécessaires pour expérimenter, innover, repousser les limites de ce qui était considéré comme de la musique « conventionnelle ». La structure et la discipline de cet héritage lui ont servi d'échafaudage sur lequel elle pouvait construire ses compositions uniques.

Mais il y avait ensuite l'influence du punk et du rock, qui offraient un contraste frappant avec ses bases classiques. Ces genres étaient rebelles, défiant, bruyants. Ils étaient des expressions de dissidence, de rupture avec les normes et les attentes de la société. Ils étaient les manifestations d'une émotion brute, dépourvue de tout polissage ou raffinement. Et c'est cette expression non inhibée qui fascinait Sinead, qui la séduisait dans son monde. La puissance et la liberté enracinées dans ces genres résonnaient en elle, suscitant le désir d'insuffler à sa musique une énergie similaire.

Dans son esprit, le domaine de la musique classique et le monde du punk et du rock n'étaient pas mutuellement exclusifs. Au lieu de cela, ils étaient deux facettes d'une même pièce de monnaie - deux expressions distinctes mais complémentaires de l'art. Elle voyait le potentiel de ces styles musicaux contrastés pour s'entremêler, pour créer quelque chose de nouveau, quelque chose qui lui était propre. Et ainsi, elle a commencé à expérimenter, à façonner et à fusionner ces différentes influences en un son qui était distinctement « Sinead ».

Alors que Sinead expérimentait avec son son, sa musique commença à incarner une dichotomie unique. Elle était brute mais raffinée, classique mais contemporaine, rebelle mais profondément introspective. Elle peignait sur une toile sonore avec une palette tirée des différents coins du monde de la musique, chaque note une goutte de couleur se fondant pour former une œuvre d'art qui lui était entièrement propre.

Ce n'était pas simplement un « style ». C'était une signature sonore, une expression auditive de la personnalité aux multiples facettes de Sinead et de son refus d'être enfermée dans une seule catégorie. C'était Sinead trouvant sa place unique dans l'immense univers de la musique, un endroit où elle pouvait s'exprimer librement, où elle pouvait vraiment être « Sinead O'Connor ». Le monde de la musique s'apprêtait à assister à la naissance d'une voix vraiment unique - une voix qui se rebellait, qui résonnait et finalement, qui conquérait.

L'évolution de Sinead en tant qu'artiste se poursuivait, ses compétences musicales se perfectionnaient progressivement, mais rien ne la préparerait à ce premier pas sur une grande scène. C'était un moment de grande révélation, le point où elle dévoilerait sa voix unique à un public bien plus vaste que les rassemblements intimes auxquels elle était habituée. Le cadre, les chansons, le public - tout devait s'aligner parfaitement, comme les étoiles dans une constellation, la guidant lors de ce voyage inaugural.

Le jour vint sous la forme d'un festival de musique local à Dublin, un rassemblement éclectique offrant une plateforme aux musiciens émergents pour démontrer leur talent. Sinead pouvait à peine contenir son excitation en regardant la foule animée, leurs visages illuminés d'anticipation, attendant d'être captivés. C'était sa chance de partager son monde, ses chansons, ses émotions, avec les autres. Le cœur battant dans sa poitrine et l'esprit rempli de mille pensées, elle franchit ce pas monumental sur la scène.

Sous les lumières éblouissantes, Sinead prit une profonde inspiration, regardant la mer de visages devant elle. Elle pouvait sentir le poids lourd de l'attente, l'air épais d'anticipation. C'était son moment. Elle leva son micro, le métal froid comme un poids rassurant dans sa main, sa ligne de vie dans l'immensité de la scène.

Sinead commença avec une chanson qu'elle avait écrite elle-même, une chanson qui occupait une place spéciale dans son cœur. Sa voix, brute et émotive, traversa l'air, chaque note sonnant claire et vraie. Elle chantait de son âme, sa voix tissant une tapisserie d'émotions qui captura le cœur collectif de l'auditoire. Les paroles, riches de ses propres expériences et réflexions, apportèrent une authenticité unique à sa performance qui était hypnotisante.

Alors que son spectacle se poursuivait, elle parcourait son répertoire, des chansons imprégnées de son mélange distinctif d'élégance classique et de passion punk rock.

L'auditoire, captivé, ne pouvait s'empêcher d'être emporté par sa performance sincère. Le style unique de Sinead, honnêtement sincère et puissamment émotif, trouvait écho auprès des auditeurs. La réponse était électrisante - les applaudissements emplissaient l'air, les acclamations résonnaient comme une belle symphonie à ses oreilles.

En descendant de la scène, Sinead était rayonnante de succès et de soulagement. Les applaudissements résonnaient encore à ses oreilles, les acclamations résonnaient encore dans son cœur. Elle avait fait un bond de géant, partagé son âme sur scène, et le public l'avait adoptée. Ce n'était pas simplement une performance ; c'était une validation de son identité musicale unique, un témoignage de son art.

C'était Sinead O'Connor - non seulement la chanteuse en herbe de Dublin, mais une véritable artiste avec une voix capable de toucher les cœurs et d'éveiller les âmes. Elle n'était pas simplement une autre interprète sur scène ; elle était une conteuse, une poétesse, une artiste. Elle avait captivé son public, les emmenant dans un voyage à travers sa musique. À partir de ce moment-là, il était clair que Sinead O'Connor n'était pas seulement une voix dans la foule - elle était la voix qui avait conquis.

Au fur et à mesure que Sinead commençait à se produire plus régulièrement, quelque chose de beau commençait à se produire. Il y avait un fil éthéré, tissé à partir d'émotions brutes et d'expériences partagées, qui commençait à la relier aux personnes venues l'entendre chanter. Cette tapisserie complexe d'empathie et de compréhension était la genèse de sa relation avec son public, un lien qui ne ferait que se renforcer avec le temps.

Chaque fois que Sinead montait sur scène, elle apportait avec elle non seulement le poids de ses propres émotions, mais aussi les histoires, les sentiments et les expériences de ceux qui avaient trouvé du réconfort dans sa musique. Ses chansons étaient leurs chansons aussi, des échos de sentiments partagés et d'expériences relationnelles qui résonnaient profondément dans leurs cœurs. Alors que les premiers accords résonnaient, elle regardait la foule, leurs visages illuminés d'anticipation, et ressentait un profond sentiment de connexion, un lien aussi inexplicable qu'indéniable.

La présence scénique de Sinead était captivante, ce n'était pas seulement la puissance de sa voix qui hypnotisait le public, mais son immersion complète dans le monde qu'elle évoquait avec ses mots. Chaque geste, chaque expression était un témoignage de l'authenticité de sa performance. Elle ne retenait rien, laissant la puissance brute de ses émotions alimenter sa performance, son honnêteté brillant à travers chaque parole et mélodie. Son courage à dévoiler son âme, à exprimer ouvertement ses pensées et ses sentiments, attirait son public, les faisant se sentir comme s'ils faisaient partie de son monde.

À chaque représentation, Sinead parvenait à toucher les cœurs de ceux présents, ses chansons devenant des hymnes pour leurs propres parcours personnels. Ils voyaient en elle le reflet de leurs propres émotions, de leurs propres luttes et victoires, de leurs propres espoirs et peurs. Elle n'était pas seulement une chanteuse se produisant sur scène ; elle était une amie, une confidente, une compagne de voyage sur la route sinueuse de la vie. Ses concerts devenaient des espaces d'expériences partagées, des rassemblements intimes où l'on pouvait non seulement profiter de la bonne musique, mais aussi trouver un sentiment de communauté et de compréhension.

Avec le temps, un groupe dévoué d'adeptes a commencé à se former, des individus qui étaient touchés par la voix unique de Sinead et son récit sincère. Ils étaient ses premiers fans, un groupe diversifié unifié par leur appréciation pour son art. Leur présence enthousiaste à ses représentations n'était pas seulement une validation de son talent, mais aussi un puissant moteur, l'encourageant à continuer à partager sa voix et son histoire avec le monde.

Pour Sinead, ces liens qu'elle formait étaient plus qu'un simple symbole de son succès croissant en tant qu'artiste ; c'étaient un témoignage du pouvoir de la musique à rassembler les gens, à créer un sentiment d'unité dans un monde qui semblait souvent si divisé. Chaque connexion était un fil précieux, tissant ensemble une tapisserie vibrante d'expériences partagées et de compréhension mutuelle. C'était le véritable triomphe de Sinead - la capacité de toucher les cœurs, d'inspirer l'empathie et de favoriser un sentiment de connexion à travers sa musique.

Alors que Sinead continuait à avancer dans son voyage musical, son identité artistique commençait à se cristalliser, sa voix unique sonnant avec plus de clarté. À chaque jour qui passait, chaque parole écrite et chaque chanson créée, elle découvrait de plus en plus de couches de son essence musicale. C'était une période de croissance, un moment d'évolution significative qui était aussi transformateur qu'illuminant.

Son son commença à prendre de nouvelles dimensions, sa palette créative s'élargit, alors qu'elle plongeait plus profondément dans le domaine de l'écriture et de l'interprétation de chansons. Ses paroles n'étaient plus simplement des vers et des refrains simples, mais des mosaïques complexes de mots, chaque parole un petit fragment contribuant au récit plus vaste. L'approche de l'écriture de chansons de Sinead reflétait sa nature introspective. Elle n'écrivait pas seulement des chansons, mais composait des récits qui étaient richement texturés et émotionnellement évocateurs.

Ses mélodies, elles aussi, commencèrent à évoluer, fusionnant des éléments traditionnels de sa formation classique avec les influences punk et rock qui avaient initialement allumé son amour pour la musique. La fusion qui en résulta était une tapisserie sonore riche qui lui était propre. La résonance des cordes classiques, la rugosité des accords punk et l'âme des ballades rock - tout cela trouvait sa place dans la musique de Sinead. C'était une fusion unique qui créait une expérience sonore, où chaque note et chaque rythme étaient imprégnés d'émotion brute et de passion profondément ressentie.

Alors que son style se solidifiait, Sinead commençait à gagner en confiance. L'incertitude et le doute qui obscurcissaient autrefois sa créativité commençaient à se dissiper, laissant place à un sentiment nouveau de certitude. Ses performances n'étaient plus marquées par l'hésitation, mais par une confiance inébranlable qui rayonnait de chaque note qu'elle chantait. Elle possédait la scène, commandant l'espace avec une aura d'authenticité qui lui était propre. Chaque performance était une exploration, un voyage dans les profondeurs de son âme créative, révélant de plus en plus l'artiste qu'elle devenait.

Pourtant, au milieu de cette évolution, Sinead ne perdait jamais de vue ses racines. Sa musique portait toujours une touche de l'esprit irlandais, ses chansons tissées avec les fils de la riche tradition musicale de sa patrie. Qu'il s'agisse de la beauté mélancolique d'une ballade irlandaise traditionnelle ou de l'esprit rebelle de la vibrante scène punk de Dublin, les influences de son éducation irlandaise étaient toujours présentes dans sa musique.

Cette période de croissance était une partie intégrante du voyage de Sinead, un moment de découverte de soi et d'expérimentation créative qui l'aida à façonner l'artiste qu'elle deviendrait. À chaque note composée et à chaque chanson interprétée, elle gravait sa signature unique dans la vaste tapisserie de la musique. C'était un temps de transformation, un moment où la chrysalide de ses premières entreprises musicales commençait à céder la place à l'émergence d'un papillon unique et profond - une artiste avec une voix qui lui était véritablement propre.

La création du premier single de Sinead, "Heroine", marqua une étape monumentale dans son parcours musical. Ce n'était pas une simple composition ; c'était un témoignage de sa maturation en tant qu'artiste, la manifestation de sa voix distincte et l'aube de son langage musical unique. C'était son émergence en tant qu'auteure-compositrice avec une perspective intime et puissamment résonnante.

La conception de "Heroine" était motivée par le désir inlassable de Sinead de capturer ses pensées et ses émotions sous une forme musicale qui lui était fidèle. Elle passa d'innombrables heures, stylo en main, tissant une délicate tapisserie de mots, chaque parole tenant un morceau de son cœur. La chanson, comme un journal ouvert, faisait écho à son récit personnel, chaque vers reflétant ses expériences et ses émotions. C'était brut, authentique, une expression sincère de ses pensées les plus profondes, des émotions trop profondes pour être confinées aux murs de son cœur.

Le processus d'écriture était aussi cathartique que créatif. C'était comme si Sinead avait une conversation avec elle-même, ses pensées les plus profondes, ses espoirs les plus courageux, ses peurs les plus sévères et ses rêves les plus fous - tout trouvait une voix dans ses paroles. "Heroine" n'était pas seulement une chanson ; c'était une expression d'âme dévoilant son parcours personnel.

Le processus d'enregistrement ajouta une autre dimension au processus créatif. La chanson, née du cœur de Sinead, devait maintenant trouver sa forme sonore. Sa voix, d'une beauté envoûtante, laissa une marque distincte sur la musique. Chaque note qu'elle chantait, chaque inflexion de sa voix, façonnait davantage la chanson en une incarnation musicale de son individualité.

La collaboration avec The Edge, le guitariste et compositeur renommé de U2, a apporté une nouvelle couche de complexité à la création de "Heroine". Son génie musical, associé à sa compréhension de la vision de Sinead pour la chanson, a apporté une dynamique innovante à la piste. Le jeu de guitare de The Edge, à la fois éthéré et ancré, a offert le canevas musical parfait pour les envolées vocales de Sinead. C'était une collaboration qui n'était pas seulement professionnelle, mais profondément personnelle, comme si leur patrimoine irlandais commun et leur passion mutuelle pour la musique avaient créé un lien artistique transcendant les limites de l'écriture de chansons conventionnelle.

"Heroine" était plus que le simple premier single de Sinead ; c'était l'incarnation de son esprit artistique. C'était sa carte de visite au monde, sa déclaration qu'elle n'était pas seulement une voix parmi la foule, mais une artiste avec une histoire à raconter, une voix à faire entendre. Une héroïne de sa propre narration, une chanteuse qui avait le courage de dévoiler son âme dans sa musique et la force de laisser briller sa voix unique.

En entrant dans le studio d'enregistrement pour "Heroine", Sinead était enveloppée par une multitude d'émotions :

l'exaltation, l'appréhension, l'anticipation et la détermination. Le studio n'était plus seulement une pièce remplie d'équipements d'enregistrement. Il était devenu son terrain de jeu, son champ de bataille et son sanctuaire. Pour Sinead, le studio d'enregistrement était un endroit où elle pouvait être elle-même authentiquement. C'était là que sa musique prenait vraiment vie, que sa voix résonnait dans le silence feutré, que ses émotions coulaient sans frein. Ses premiers pas dans le studio étaient hésitants, presque empreints de révérence, comme si elle reconnaissait la signification de l'instant. Son cœur battait au rythme de son excitation, ses doigts tremblaient légèrement en effleurant la surface froide et métallique du pied de micro.

Enregistrer "Heroine" ne consistait pas seulement à poser des pistes ; il s'agissait de donner tout d'elle-même, de révéler la profondeur de son talent et de montrer son engagement envers son art. Chaque note qu'elle chantait, chaque parole qu'elle prononçait, portait une part d'elle, marquée de son esprit et de son émotion. Sa voix, éthérée et poignante, emplissait la pièce, circulant à travers les câbles et les microphones, immortalisée dans la piste enregistrée.

Le processus n'était pas sans défis. Il y avait des moments où Sinead se débattait avec les paroles, la mélodie ou l'expression émotionnelle. Des instants de doute de soi obscurcissaient son esprit, ses insécurités émergeant au milieu de la pression intense de l'enregistrement de son premier single. Mais chaque fois qu'elle hésitait, elle retrouvait son équilibre, se rappelant qu'elle n'était pas seule dans ce voyage. La présence de soutien de The Edge et de l'équipe d'enregistrement, leur enthousiasme partagé pour sa musique, devenaient son ancrage, renforçant sa confiance et sa détermination.

C'est pendant ces moments d'enregistrement de "Heroine" que Sinead a appris l'une de ses leçons les plus précieuses : l'importance de la patience et de la persévérance face aux défis. C'était une leçon qui la préparerait pour les sessions d'enregistrement à venir, façonnant son approche de la création musicale.

Alors qu'elle sortait du studio à la fin de la séance d'enregistrement, un sentiment d'accomplissement submergeait Sinead. Elle quittait le studio non seulement en tant qu'artiste ayant enregistré son premier single, mais en tant que musicienne ayant grandi grâce à l'expérience, prête à affronter le voyage exigeant mais gratifiant qui l'attendait.

L'enregistrement de "Heroine" ne se résumait pas à la création d'une chanson. Il s'agissait pour Sinead de trouver sa voix, de faire confiance à son talent et de faire le premier pas dans son parcours pour devenir une artiste renommée. C'était à propos de sa croissance, de son évolution et de la naissance d'une star.

Lorsque "Heroine" a envahi les ondes, ce n'était pas seulement une chanson ; c'était le cœur et l'âme de Sinead transmis à travers l'éther, touchant les cœurs des auditeurs en Irlande et au-delà. Le single était une exploration profonde et émouvante de l'expérience humaine, et il a résonné auprès du public d'une manière que peu de chansons de début parviennent à le faire.

La réaction a été instantanée et écrasante. Alors que la voix évocatrice de Sinead résonnait à travers les radios et les tourne-disques, le public était enchanté. Les fans écrivaient des lettres exprimant leur connexion avec sa musique, les critiques écrivaient des critiques élogieuses, et les animateurs de radio faisaient tourner son morceau en rotation élevée. Il y avait quelque chose dans l'émotion brute et non filtrée de Sinead qui touchait les auditeurs. Sa musique n'était pas seulement entendue, mais ressentie, profondément et intensément.

Les critiques de "Heroine" ont salué la voix unique de Sinead, son lyrisme franc et son intensité émotionnelle. Les critiques ont rapidement remarqué son style musical distinctif, une fusion harmonieuse de sa formation classique et de son amour pour le punk et le rock. Ils l'ont célébrée comme une étoile montante, une bouffée d'air frais dans le monde musical.

Le succès de "Heroine" a validé le talent de Sinead, affirmé sa décision de poursuivre la musique. Mais c'était plus que ça. C'était un témoignage de son courage à être authentique, à dévoiler son âme dans sa musique. Cela a renforcé sa confiance et sa détermination, réaffirmant sa croyance en sa vision musicale.

L'impact de "Heroine" dépassa le succès commercial. La chanson devint un symbole de l'identité musicale de Sinead, une incarnation de son parcours artistique. Son succès servit de marchepied, propulsant Sinead vers des scènes plus grandes, lui valant une reconnaissance et ouvrant de nouvelles opportunités.

Mais malgré tous les éloges et le succès, Sinead resta ancrée. Elle garda à l'esprit que la musique, pour elle, ne se résumait pas à des classements de ventes ou à des chiffres. C'était un moyen d'exprimer ses émotions les plus profondes, ses pensées et expériences, une manière de se connecter avec les gens à un niveau profond. Le succès de "Heroine" renforça sa détermination à continuer de créer une musique qui lui était fidèle.

Alors que Sinead prenait conscience de l'impact de "Heroine", elle savait qu'elle n'avait pas seulement créé un single à succès, mais qu'elle avait également posé des bases solides pour sa carrière florissante. Le monde avait entendu sa voix, ressenti ses émotions et embrassé sa musique. La scène était prête, et Sinead était prête pour le voyage qui l'attendait. Sa voix avait non seulement conquis les ondes, mais aussi les cœurs de ses fans en pleine croissance.

À la suite du succès de "Heroine", Sinead se trouva dans une période d'attente, un interlude plein de suspense entre son triomphant début et la tâche intimidante d'enregistrer son premier album complet. C'était un moment d'émotion intense, un tourbillon d'excitation, de peur et d'attente.

Sinead n'était pas étrangère à l'excitation de créer de la musique. Elle l'avait ressenti quand elle avait écrit sa première chanson, quand elle était montée sur scène pour la première fois et quand elle avait entendu sa voix à la radio. Pourtant, la perspective de créer son premier album était une nouvelle source d'enthousiasme. C'était une opportunité de concevoir un récit musical étendu, d'introduire le monde à la profondeur et à l'étendue de son talent.

Il y avait aussi la pression sous-jacente de faire aussi bien, voire mieux, que le succès de "Heroine". L'industrie musicale était une amie capricieuse, rapide à louer les accomplissements, mais tout aussi prompte à oublier en l'absence de triomphes continus. Sinead, cependant, avait une croyance profondément ancrée : le succès était secondaire à l'authenticité. Son attention n'était pas portée sur les positions dans les classements ou les ventes, mais sur la création d'un album fidèle à sa vision artistique.

Pourtant, même les artistes les plus résolus ne sont pas à l'abri de la peur, et Sinead ne faisait pas exception. La crainte de décevoir sa base de fans grandissante, la crainte de ne pas être à la hauteur de ses propres attentes, la crainte de l'inconnu - voilà des sentiments avec lesquels elle luttait. Mais Sinead n'était pas du genre à être découragée par la peur. Au contraire, elle l'embrassa, l'utilisant comme carburant pour sa créativité. Elle versa ses émotions - l'excitation, la crainte - dans sa musique, s'assurant que chaque note, chaque parole, résonnait avec l'authenticité brute qui était devenue sa marque de fabrique.

Alors que Sinead naviguait à travers ce paysage émotionnel, elle se trouvait également dans un état d'attente enthousiaste. Elle attendait avec impatience le processus de création de son premier album, les longues heures en studio, la joie de voir ses chansons prendre vie. Elle était excitée à l'idée de partager davantage d'elle-même, de ses expériences et de ses émotions avec ses fans.

Cette période d'attente était, à bien des égards, un moment de croissance personnelle pour Sinead. Elle apprenait à équilibrer les pressions externes avec son profond désir artistique, comprenant l'importance de rester fidèle à elle-même dans une industrie qui demandait souvent la conformité. À travers tout cela, elle conservait l'excitation et l'optimisme qui avaient allumé son parcours musical, les utilisant pour la propulser vers la création de son premier album. Et même si la route à venir était emplie d'incertitude, Sinead était prête à embrasser tout ce qui se présentait à l'horizon, armée de sa passion inégalée pour la musique et de son authenticité inébranlable.

Alors que le chapitre de l'attente touchait à sa fin, la perspective du premier album complet de Sinead O'Connor se profilait à l'horizon. Cette période la voyait non seulement comme une artiste rêvant de mélodies et de paroles, mais aussi comme une jeune femme se préparant à un événement imminent et transformateur. Elle se préparait à entamer un voyage musical qui ne changerait pas seulement sa vie, mais laisserait également une empreinte indélébile dans le monde de la musique.

Ensign Records, le label avec lequel elle avait signé, s'est révélé être un soutien constant. Reconnaissant le talent unique et authentique de Sinead, ils lui offraient les conseils nécessaires tout en lui accordant la liberté créative qu'elle désirait. Ses collaborations avec le label n'étaient pas seulement des transactions commerciales, mais plutôt des partenariats fondés sur le respect mutuel et une vision partagée. Ils croyaient en son potentiel, et leur confiance renforça sa détermination à créer un album qui lui appartenait en propre.

Les préparatifs pour son album ne consistaient pas seulement à choisir des chansons ou à arranger des mélodies. Il s'agissait de canaliser son âme dans sa musique. Il s'agissait d'être vulnérable et de se dévoiler au monde pour qu'il puisse la voir et l'entendre. Il y avait des jours passés à griffonner des paroles sur des bouts de papier, des nuits perdues dans le labyrinthe mélodique des compositions, et d'innombrables heures en studio, tout cela dans la poursuite d'un récit musical cohérent qui reflétait ses pensées, ses émotions et ses expériences.

Pourtant, au milieu de la planification méticuleuse et de l'emploi du temps chargé, Sinead ne perdait pas de vue l'aspect humain de son voyage. L'anticipation de son premier album a suscité en elle un torrent d'espoirs et de rêves. Elle rêvait d'atteindre les gens grâce à sa musique, de résonner avec leurs expériences et leurs émotions. Elle espérait que ses chansons ne divertiraient pas seulement, mais apporteraient également du réconfort, de l'inspiration et parleraient aux auditeurs d'une manière que seule la musique pouvait accomplir.

Alors qu'elle se tenait au seuil de ce nouveau chapitre passionnant, le cœur de Sinead battait la chamade, empli d'émotions contradictoires. Il y avait une nervosité compréhensible, mais elle était en grande partie éclipsée par un sentiment d'optimisme et d'impatience. Elle était sur le point de réaliser un rêve, un rêve qui avait été semé avec les premières notes d'une guitare, les premières paroles qu'elle avait écrites, la première note qu'elle avait chantée. L'incertitude de ce qui l'attendait était intimidante, mais aussi exaltante.

Ce chapitre du voyage de Sinead, alors qu'elle se préparait à enregistrer son premier album, était un témoignage de sa ténacité et de son engagement envers son art. C'était aussi le reflet de son humanité, de ses rêves et de ses espoirs pour l'avenir. Tandis qu'elle envisageait d'entamer la prochaine phase de son parcours musical, Sinead n'était pas seulement une jeune artiste prometteuse avec une voix enchanteresse, mais aussi une rêveuse se tenant au seuil de la concrétisation de ses rêves. L'histoire de sa musique ne faisait que commencer, et quelle histoire passionnante elle promettait d'être!

" Le Saut vers la Célébrité "

Les sons de ses nouveaux débuts chantaient mélodieusement, résonnant dans les rues pavées de Dublin et dans le creux de son cœur. Sinead O'Connor, fraîchement sortie de la vague de la sortie de son premier album et nourrissant les braises lumineuses de sa renommée naissante, se trouvait au seuil d'un rêve. L'anticipation était une énergie tangible autour d'elle, un courant exaltant d'attentes et d'espoirs alors qu'elle se préparait pour son deuxième album. Le moment était venu de prendre les mélodies de son cœur et de les transformer en chansons pour son deuxième album.

Derrière les portes d'un studio d'enregistrement discret, la magie était en train de naître. Parmi une mer d'accords oubliés et de réflexions rythmiques, la pièce silencieuse s'illuminait soudainement de vie, imprégnée du puissant mélange de la voix de Sinead et de son engagement infaillible envers son art. Le processus des répétitions était une danse complexe, une chorégraphie d'émotions, d'harmonies et de murmures lyriques, où les heures se transformaient en nuits à la poursuite de l'équilibre parfait. Pendant ces sessions intenses, souvent solitaires, ses pensées jaillissaient des profondeurs de son esprit sur le papier, dansant à travers les lignes en boucles complexes de sentiment brut et d'honnêteté. Chaque mot était un morceau de son âme, chaque phrase un reflet de ses sentiments les plus profonds, de ses désirs et de ses peurs. Elle ne composait pas seulement des chansons ; elle tissait des tapisseries de ses expériences, créant des symphonies à partir de ses triomphes et de ses tribulations.

Dans ces moments tranquilles, entourée de feuilles froissées d'essais lyriques et de l'écho persistant d'une mélodie, Sinead se perdait dans le monde de sa création. Ces moments intimes et introspectifs étaient sacrés, le monde s'estompant alors que la symphonie de ses pensées devenait l'élément central, traduisant sa voix dans le langage universel de la musique.

Mais ce n'était pas seulement un voyage d'expression de soi. C'était un exercice méticuleux de raffinement et de définition de son style unique, canalisant son talent musical à travers les accords de ses cordes vocales et les cordes de sa guitare. Chaque session la rapprochait de la Sinead que le monde allait bientôt découvrir, une voix puissante résonnant depuis la petite île d'Irlande et atteignant l'arène internationale.

Dans la pureté de ses chansons, dans la résonance de sa voix et dans la profondeur de ses paroles, elle façonnait son héritage, se préparant pour un album qui non seulement refléterait son parcours, mais ferait écho aux sentiments de ceux qui trouvaient du réconfort dans sa musique. C'était le calme avant la tempête, l'aube avant le jour, l'anticipation sincère d'un album qui façonnerait le destin de Sinead. La scène était prête, le monde était en train d'observer, et Sinead O'Connor était prête. Le saut vers la célébrité était juste à l'horizon.

Dans le calme du studio d'enregistrement, où les échos des chansons encore à naître flottaient lourdement dans l'air, Sinead était prête à insuffler la vie à une mélodie qui allait changer la trajectoire de sa carrière : "Nothing Compares 2 U". Cette chanson particulière n'était pas sa propre création, mais l'enfant du génie d'un autre artiste. L'original avait été écrit par l'énigmatique et emblématique artiste, Prince. Cependant, entre les mains habiles de Sinead, la chanson était destinée à subir une métamorphose.

Tenant les paroles originales entre ses mains, elle contemplait les émotions brutes gravées dans les mots. C'était une chanson sur la perte, le désir ardent et la douleur indescriptible de l'absence. Elle parlait d'un amour qui était autrefois tangible, maintenant disparu dans l'éther de la mémoire. Alors que la version de Prince avait son charme indéniable, Sinead voyait le potentiel d'une connexion encore plus profonde. Elle ressentait les paroles au plus profond de son âme, résonnant avec ses expériences personnelles et son spectre émotionnel.

Ce n'était pas une tâche simple de reprendre une chanson ; elle visait à réincarner la chanson, à imprégner les mots de son esprit. Elle était déterminée à transformer "Nothing Compares 2 U" d'une chanson en une expérience, un voyage émotionnel brut et sans filtre que les auditeurs pourraient entreprendre avec chaque note.

Le processus était laborieux, cathartique. Chaque ligne des paroles était disséquée, comprise, absorbée, puis reflétée à travers son objectif unique. Le silence du studio était rempli des murmures persistants de sa voix, du grattage hésitant des cordes de la guitare et du tic-tac distant et patient d'une horloge. Les heures se transformaient en jours et les jours en semaines, mais le temps semblait sans importance, perdu dans le tourbillon de la création.

Alors qu'elle expérimentait différentes cadences, différentes tonalités et des arrangements alternatifs, la chanson commençait à se transformer. La qualité éthérée de sa voix, associée à son interprétation personnelle, commençait à créer un paysage sonore radicalement différent de l'original. La chanson n'était plus celle de Prince, elle était en train de devenir celle de Sinead. Elle prenait forme en un hymne à son parcours, à ses émotions, à ses expériences.

Lorsque la dernière note de "Nothing Compares 2 U" retentit, le studio fut submergé par un profond sentiment d'accomplissement. Ce n'était plus seulement un espace rempli d'instruments et d'équipements d'enregistrement ; il avait été le berceau de la naissance d'une chanson destinée à toucher des millions de cœurs.

À travers "Nothing Compares 2 U", Sinead n'avait pas simplement adapté une chanson ; elle avait pris un puissant hymne et en avait fait un témoignage profondément personnel, un récit magnifiquement poignant d'amour et de perte. Elle ne se doutait pas que cette interprétation la propulserait à la renommée internationale, gravant son nom de manière indélébile dans les annales de l'histoire de la musique. Mais pour l'instant, dans le silence qui suivit la création, Sinead savoura la satisfaction d'avoir insufflé une nouvelle vie à une mélodie existante, en en faisant avec succès la sienne.

Après la création de "Nothing Compares 2 U", le studio d'enregistrement devint une seconde maison pour Sinead, l'endroit où elle continua de tisser une toile de musique qui faisait autant partie d'elle que le sang qui coulait dans ses veines. Sa création suivante, l'album 'I Do Not Want What I Haven't Got', promettait d'être un mélange complexe de ses émotions, de ses expériences et de ses perceptions. Le titre de l'album lui-même était un témoignage du voyage introspectif qui l'avait façonnée et des leçons qu'elle avait apprises en chemin.

Sinead n'a jamais été du genre à fuir ses émotions. Elle se permettait de ressentir profondément, sans excuses. Chaque chagrin, chaque joie, chaque moment d'introspection était une opportunité d'exploration artistique. Ce sont ces émotions brutes qu'elle canalisait dans l'écriture de ses chansons pour l'album. Pour Sinead, les paroles n'étaient pas seulement des mots mis en musique, elles étaient le reflet de son âme, une tapisserie poétique de son monde intérieur.

Ses expériences personnelles étaient gravées dans chaque chanson. Les morceaux couvraient le spectre des émotions humaines, plongeant dans ses joies, ses peines, ses frustrations et ses victoires. Ils étaient des récits personnels, des histoires qu'elle avait le courage de partager avec le monde. Des vocaux envoûtants de "Feel So Different" à la puissance viscérale de "Black Boys on Mopeds", chaque chanson faisait partie de son voyage, de son évolution émotionnelle, de sa vérité.

L'album reflétait également sa perspective sur la vie, un aperçu de sa vision philosophique. 'I Do Not Want What I Haven't Got' était une déclaration profonde de contentement de soi, une acceptation intime d'elle-même et de son parcours. C'était une affirmation de trouver l'épanouissement en soi plutôt que dans le monde extérieur. L'essence philosophique était un fil conducteur sous-jacent qui traversait tout l'album, reliant subtilement chaque chanson à ce thème central.

Le studio d'enregistrement fut le témoin de cette métamorphose, de la dissection émotionnelle de ses expériences aux conclusions philosophiques qu'elle en tirait. Chaque note jouée, chaque parole chantée était imprégnée de l'essence de Sinead, un témoignage de sa véritable nature. Et lorsque la dernière note de l'album résonna dans le studio, il était évident que 'I Do Not Want What I Haven't Got' n'était pas seulement un album. C'était Sinead mise à nu, un aperçu intime dans l'âme d'une femme qui n'avait pas peur de ressentir, d'exprimer et de partager sa vérité.

En écoutant la lecture, Sinead ressentit une satisfaction cathartique. Elle avait pris ses expériences, ses émotions, ses vérités, et les avait transformées en quelque chose de tangible, quelque chose avec lequel les autres pouvaient se connecter. Mais plus que cela, elle était restée fidèle à elle-même. Elle n'avait pas seulement créé un album, elle avait partagé une partie de son âme. Et ce faisant, elle avait offert au monde 'I Do Not Want What I Haven't Got', un témoignage lyrique de son expérience humaine. Peu savait-elle alors à quel point ses vérités résonneraient profondément avec des millions d'auditeurs à travers le monde.

Dans le studio, l'air bourdonnait de créativité et d'une palpable sensation d'attente. C'était là que la magie opérait, où les notes musicales, tissées avec passion et talent, étaient transformées en chefs-d'œuvre intemporels. Pour Sinead O'Connor, le studio d'enregistrement de 'I Do Not Want What I Haven't Got' était un sanctuaire, un cocon qui nourrissait sa créativité et lui permettait de donner vie à ses compositions.

L'équipe qui entourait Sinead avait été soigneusement sélectionnée, chaque individu apportant une compétence unique à la table. En travaillant étroitement avec des producteurs tels que Nellee Hooper, Chris Birkett et Sean Devitt, Sinead avait trouvé un écosystème musical qui lui permettait d'expérimenter et de s'exprimer. Ils comprenaient sa vision, respectaient son talent et la soutenaient tout au long du processus d'enregistrement, s'assurant que sa voix n'était pas seulement entendue, mais écoutée avec attention.

Sinead n'était pas simplement une chanteuse en studio, elle était une artiste, une conteuse et une force créatrice. Ses interactions avec l'équipe allaient au-delà d'échanges professionnels. C'étaient des échanges d'idées, de passions et d'énergies créatives. Il y avait des débats et des discussions, des moments d'accord et de désaccord, mais en fin de compte, il y avait un respect mutuel et une admiration réciproque. Le caractère fort de Sinead et son intégrité artistique laissaient une empreinte indélébile sur tous ceux avec qui elle travaillait.

Le processus d'enregistrement de 'I Do Not Want What I Haven't Got' était aussi fluide que la musique elle-même. L'approche de Sinead envers la créativité était organique, laissant la musique évoluer et prendre forme au fur et à mesure qu'elle coulait de son âme vers le microphone. Chaque morceau était un voyage, une exploration de paysages sonores et d'émotions qui se déroulaient dans le cocon du studio. Que ce soit le poignant 'Three Babies' ou le bouleversant 'The Emperor's New Clothes', chaque chanson était un témoignage du talent artistique de Sinead et de son approche unique de la création musicale. Ses décisions en studio, grandes et petites, étaient dictées par sa vision de l'album. De la composition des morceaux à la sélection des instruments, de la structure des chansons aux nuances des voix, chaque décision était un élément du puzzle qu'était 'I Do Not Want What I Haven't Got'. Et Sinead, avec son engagement inébranlable envers son art, s'assurait que chaque élément s'emboîtait parfaitement, créant une tapisserie musicale aussi belle qu'authentique.

Avec le recul, le processus d'enregistrement de 'I Do Not Want What I Haven't Got' fut une période déterminante dans le parcours musical de Sinead. C'est là qu'elle est vraiment devenue elle-même, affirmant son contrôle créatif et imprégnant son âme dans chaque note de l'album. Le studio, avec sa créativité palpitante, est devenu un témoignage du voyage artistique de Sinead, un monument au chef-d'œuvre musical qui est né entre ses murs. Et alors que le dernier morceau était enregistré, l'air était épais d'anticipation, laissant entrevoir l'impact immense que cet album était destiné à avoir.

Le jour de la sortie de 'I Do Not Want What I Haven't Got' se leva, et un pot-pourri d'émotions tourbillonna en Sinead O'Connor. La crainte et l'excitation dansaient un pas de deux délicat, reflétant les mélodies vibrantes et les paroles qui laissaient son âme à nu et qui coulaient à travers l'album. Ce n'était pas seulement un autre album ; c'était une partie de son âme, un témoignage de son voyage, une fenêtre ouverte sur son être. Le monde était sur le point de voir Sinead dans sa forme la plus authentique, et la gravité de cette réalité était à la fois intimidante et exaltante.

Sinead, dans son style caractéristique, affronta la journée avec une force tranquille. Ses yeux d'émeraude scintillaient d'une détermination non dite, sa posture était à la fois posée et détendue, comme si elle murmurait au monde qu'elle était prête. Elle s'apprêtait à dévoiler son cœur au monde, mais en le faisant, elle trouvait une force qui lui était propre.

L'effervescence entourant la sortie de l'album était électrique. Le paysage musical était mûr d'anticipation. Sinead, l'artiste pionnière, avait déjà marqué les esprits avec ses débuts, et le monde attendait avec impatience d'entendre ce qu'elle avait à offrir ensuite. L'anticipation ne portait pas seulement sur la musique ; c'était Sinead, l'artiste, la femme, la force de la nature.

Alors que l'album était enfin dévoilé au monde, un profond sentiment d'accomplissement enveloppa Sinead. Son cœur battait au rythme de sa musique, écho de ses espoirs, de ses rêves, de ses peurs et de ses joies. Au fur et à mesure que les premières notes de 'Feel So Different' se répandaient dans le monde, marquant le début d'un nouveau chapitre de son parcours musical, Sinead était là, absorbant chaque instant.

En cet instant, Sinead n'était pas seulement une artiste qui sortait un album ; elle était une femme debout au seuil d'une étape significative, offrant son âme au monde. Chaque mot, chaque note, chaque mélodie était un fil tissé dans la tapisserie de 'I Do Not Want What I Haven't Got', et à mesure que le monde écoutait, ils n'entendaient pas seulement Sinead O'Connor, la chanteuse ; ils entendaient Sinead, la femme, la poète, la rêveuse.

La sortie de 'I Do Not Want What I Haven't Got' était bien plus qu'un simple jour ; c'était un moment déterminant, un tournant. C'était le moment où Sinead sortait de l'ombre de l'anticipation pour entrer dans la lumière éclatante de la réalisation, sa voix résonnant à travers le monde, sa musique touchant les cœurs et éveillant les âmes. C'était le jour où Sinead O'Connor ne sortait pas seulement un album ; elle partageait un morceau d'elle-même avec le monde.

Dès les premiers accords de 'I Do Not Want What I Haven't Got' diffusés dans les ondes, une onde inéluctable s'est répandue dans la communauté musicale. La voix passionnée de Sinead, déversant une émotion brute dans le monde, a captivé les auditeurs, les maintenant en quelque sorte sous un enchantement. La vulnérabilité de l'album a touché une corde universelle, et en un rien de temps, il était évident que Sinead n'avait pas simplement fait de la musique ; elle avait créé un mouvement.

Sa reprise déchirante de 'Nothing Compares 2 U', une chanson déjà renommée, fut une révélation. Elle a apporté une profondeur d'émotion aux paroles qui ressemblaient à un cri primal de l'âme, un désir si profond qu'il résonnait auprès des auditeurs à travers le monde. L'air était empreint d'une sensation de catharsis collective alors que la voix puissante de Sinead transcendait les frontières, portant sa douleur, sa force et sa résilience dans d'innombrables cœurs.

La réception critique fut incroyablement positive, avec les journalistes musicaux et les critiques louant sa vulnérabilité courageuse et sa capacité à plonger dans les profondeurs de son expérience pour faire naître une musique profondément émouvante et profondément personnelle. Ses interprétations audacieuses furent saluées comme une exploration honnête de la condition humaine, transcendant le domaine de la musique pour devenir une forme d'art touchant les couches les plus complexes de l'esprit humain.

Les auditeurs se sont tournés vers les stations de radio, les médias sociaux et les forums musicaux pour exprimer leur admiration pour Sinead et l'impact que sa musique avait eu. Les histoires affluaient sur la manière dont ses chansons les avaient réconfortés, guéris, inspirés et émus. Parmi le flot d'expériences et de sentiments partagés, une chose était claire : Sinead O'Connor avait touché la vie des gens d'une manière qui dépassait la musique.

Sa maîtrise musicale était incontestée, mais les réactions initiales ont également révélé quelque chose de plus vital. C'était l'esprit de Sinead qui avait véritablement captivé le public - son authenticité, sa vulnérabilité, son courage à dévoiler son âme. Le monde ne réagissait pas simplement à un album ; il résonnait avec une femme qui avait osé exprimer son moi le plus profond, sans peur et sans excuses. Et dans les échos de cette résonance, Sinead O'Connor ne s'est pas seulement trouvée être une musicienne à succès, mais aussi un symbole de force, de résilience et d'expression honnête.

Peu de chansons dans l'histoire de la musique ont touché autant de personnes aussi profondément que l'interprétation de Sinead O'Connor de "Nothing Compares 2 U". L'impact fut presque immédiat. À mesure que les notes tendres de la musique jaillissaient des radios, des platines et des lecteurs de cassettes, elles commencèrent rapidement à façonner un nouveau récit pour Sinead, la transformant d'une artiste talentueuse en un emblème d'émotion profonde, d'authenticité et de talent musical inégalé.

C'était comme si, à travers la chanson, elle avait puisé dans une source d'émotions collectives. Les auditeurs du monde entier se retrouvaient dans les replis de sa tristesse, dans les cavernes de son désir, dans le cri plaintif de sa voix. Ils voyaient leurs propres pertes, leurs propres désirs, leurs propres chagrins reflétés en elle. C'était une chanson de désir et de perte, mais aussi de la beauté brute de la vulnérabilité et de la capacité humaine à endurer.

La chanson a grimpé dans les classements, traversé les continents, renversant les barrières linguistiques et les différences culturelles. Les chiffres étaient stupéfiants, bien sûr - atteignant le numéro un dans plusieurs pays, vendant des millions de copies, remportant de nombreux prix - mais au-delà des chiffres, c'était l'impact humain qui était le plus profond. C'étaient les histoires de personnes s'accrochant à la chanson pendant les moments de désespoir, trouvant du réconfort dans la voix de Sinead, se sentant vues et comprises à travers ses paroles, qui représentaient vraiment l'ampleur de l'influence de la chanson.

Le succès international de "Nothing Compares 2 U" a changé la perception du public envers Sinead. La chanteuse irlandaise aux cheveux de feu, autrefois considérée comme une nouvelle venue prometteuse, était désormais une sensation mondiale, une force musicale avec laquelle il fallait compter. Mais plus que cela, elle était un phare de vérité dans une industrie souvent dominée par les façades. La profondeur des émotions qu'elle osait révéler dans sa musique lui conférait une aura d'authenticité qui résonnait profondément auprès de son public.

À la suite de "Nothing Compares 2 U", Sinead est devenue plus qu'une chanteuse ; elle était l'incarnation d'une émotion brute et honnête. C'était sa volonté d'exposer ses sentiments les plus profonds qui a conduit à son ascension météorique au statut de star, car elle a prouvé que la musique la plus puissante est celle qui ose dévoiler l'âme. Et ce faisant, elle a non seulement transformé sa propre carrière, mais elle a aussi laissé une empreinte indélébile dans le monde de la musique.

L'album "I Do Not Want What I Haven't Got", accompagné de son déchirant single "Nothing Compares 2 U", a propulsé Sinead O'Connor sous les projecteurs de manière intense, et il n'a pas fallu longtemps avant que les récompenses et les éloges ne commencent à affluer. Il ne s'agissait pas seulement de témoignages locaux d'estime, mais de reconnaissances mondiales qui résonnaient véritablement avec l'impact mondial de sa musique.

Les éloges ont commencé aux Brit Awards, où Sinead a été couronnée Meilleure Artiste Féminine Internationale. Ensuite, dans un tourbillon de glamour et d'excitation, elle a été nominée pour quatre Grammy Awards, une reconnaissance qui plaçait son travail aux côtés des grands de l'industrie. Bien qu'elle n'ait pas gagné, la reconnaissance en elle-même était un témoignage de son talent prodigieux et de l'impact profond et retentissant que sa musique avait eu.

Sinead a également été honorée d'un MTV Video Music Award pour la Vidéo de l'Année pour "Nothing Compares 2 U", un puissant témoignage de l'iconique et troublant visuel en noir et blanc mettant en scène le visage de Sinead strié de larmes qui avait captivé des millions de personnes. En Irlande, sa patrie, elle a été honorée par un prix IRMA, cimentant ainsi sa place en tant que trésor national.

Malgré ces tourbillons de louanges et de reconnaissances, la réaction de Sinead était notablement ancrée. Elle semblait quelque peu surprise par l'intensité de sa soudaine célébrité et l'adoration mondiale qui lui avait été offerte. À bien des égards, elle semblait rester la même artiste émouvante qui se souciait davantage de créer une musique significative que d'accumuler des récompenses.

Dans les interviews, Sinead exprimait fréquemment son désir d'utiliser sa nouvelle plateforme pour mettre en lumière les questions qui la passionnaient. Les récompenses, pour elle, semblaient moins être un objectif final qu'un moyen pour atteindre un objectif, un outil qu'elle pouvait utiliser pour susciter des conversations qui comptaient. Cette attitude l'a encore plus fait apprécier de ses fans qui admirait non seulement son talent musical, mais aussi son engagement envers l'authenticité et sa voix courageuse et inébranlable face aux normes sociétales.

La vague de reconnaissance mondiale a peut-être apporté célébrité et éloges, mais elle n'a pas changé l'essence de Sinead. Elle est restée l'artiste qui montrait ses émotions, créant des chansons qui touchaient les cordes de l'expérience humaine, devenant une voix qui n'était pas simplement entendue, mais profondément écoutée, partout dans le monde.

Le raz-de-marée de reconnaissance mondiale qui a suivi la sortie de "I Do Not Want What I Haven't Got" était une épée à double tranchant. D'un côté, c'était une affirmation écrasante du talent et du travail acharné de Sinead O'Connor. De l'autre, cela l'a placée sous les feux de la rampe, ce qui a apporté son lot de défis et de pressions, la propulsant soudain d'une artiste en plein essor à une icône mondiale aux yeux du public.

Sinead a été propulsée dans un monde d'interviews, de séances photos, d'événements sur le tapis rouge et d'apparitions publiques qui étaient bien éloignés des studios d'enregistrement et des sessions d'écriture où elle se sentait le plus chez elle. L'attention des médias était intense, chaque mot, action et apparition étant disséqués et discutés par les fans et les critiques. Le monde était en attente, impatient de voir ce que cette chanteuse-compositrice irlandaise passionnée et talentueuse allait faire ensuite.

Mais Sinead n'était pas du genre à flancher sous la pression. Si quoi que ce soit, les épreuves qu'elle affrontait semblaient renforcer sa détermination à rester fidèle à elle-même. Ses interactions avec les médias étaient marquées par une franchise et une ouverture aussi rafraîchissantes que rares. Elle disait ce qu'elle pensait, défendait ce en quoi elle croyait, et refusait de laisser son image publique être arrangée ou édulcorée pour une consommation de masse. Cette position la mettait parfois en désaccord avec l'industrie et les médias, mais soulignait également son engagement envers l'authenticité, une caractéristique que ses fans admiraient grandement.

Au milieu du tourbillon de la célébrité soudaine, il y avait aussi la pression de faire suite au succès de "I Do Not Want What I Haven't Got" avec un autre album à succès.

L'industrie musicale, toujours tournée vers l'avenir, était impatiente de voir ce qu'elle ferait ensuite. Le poids des attentes, à la fois de l'industrie et de sa nouvelle base de fans mondiale, était immense. Pourtant, Sinead y faisait face avec un mélange unique d'humilité et de conviction, la voyant non pas comme une tâche intimidante, mais comme une opportunité d'explorer davantage sa musique et son message.

Pourtant, derrière ce visage courageux, il y avait des luttes. La perte de vie privée, l'examen constant et la pression de correspondre à l'image que le monde avait d'elle ont eu des conséquences. Mais même ces défis ne l'ont pas déraillée. Au contraire, ils ont ajouté des couches à sa musique, l'emplissant d'une profondeur et d'une pertinence qui résonnaient auprès des auditeurs du monde entier.

Sinead O'Connor, aujourd'hui un nom familier, naviguait dans le labyrinthe de la célébrité, mais elle le faisait à sa manière, ancrée par son fort sens de soi et nourrie par sa passion incommensurable pour la musique. C'était ce voyage, avec ses hauts et ses bas, qui a fait de son histoire non seulement le récit d'une superstar mondiale, mais aussi une saga intimement humaine de résilience, d'authenticité et de quête inébranlable de la vérité créative.

Alors que la poussière retombait après le lancement explosif de "I Do Not Want What I Haven't Got", Sinead O'Connor avait une compréhension plus profonde des récompenses et des épreuves de la célébrité mondiale. En regardant en arrière sur cette période de sa vie, elle la considérait comme un chapitre crucial, une période de croissance intense, d'introspection et de découverte de soi qui l'ont finalement façonnée en tant qu'artiste et personne.

Le succès de son deuxième album, rétrospectivement, semblait presque surréel. C'était une expression artistique qui avait jailli de ses émotions et pensées les plus profondes, transformée en phénomène mondial. Chaque chanson, chaque parole, était imprégnée de son esprit, et voir cet esprit résonner avec des millions de personnes à travers le monde était une expérience profonde. Cela renforçait sa croyance en la puissance de la musique, sa capacité à toucher les cœurs et à transcender les frontières, tout en mettant en évidence la responsabilité qui venait avec une telle plateforme étendue.

Le chemin de la renommée de Sinead avait été une ascension abrupte, parfois exaltante, parfois écrasante, mais toujours profondément transformative. Elle avait appris dès le début que les paillettes et le glamour de l'industrie musicale n'étaient que superficiels, sous lesquels se trouvaient le dur labeur, les luttes créatives et une demande persistante d'innovation. C'était un paysage qui pouvait facilement emporter quelqu'un, mais elle a réussi à maintenir son ancrage, son être fondamental, au milieu de ce tourbillon.

En réfléchissant à son parcours, elle a vu les conséquences que la renommée avait eues sur sa vie personnelle. La vie privée était devenue un luxe du passé et le regard médiatique amplifié semblait parfois étouffant. Pourtant, il y avait aussi la réalisation de son extraordinaire portée, sa capacité à se connecter et à inspirer des personnes à travers les cultures et les continents. C'était un pouvoir qu'elle ne prenait pas à la légère, utilisant sa plateforme pour amplifier ses pensées et croyances, pour être une voix qui comptait.

Son succès initial l'a à la fois soutenue et mise au défi. Il servait d'affirmation de ses talents, une tape dans le dos qui la poussait en avant. Mais c'était aussi une mesure à laquelle chaque création ultérieure serait comparée. Cela l'a forcée à repousser constamment les limites de sa créativité, à ne pas se reposer sur ses lauriers, et cela a insufflé une résilience et une ténacité qui sont devenues des parties intégrantes de son identité artistique.

En fin de compte, la montée fulgurante de Sinead O'Connor vers la renommée a été une phase déterminante de sa vie, façonnant sa carrière et son parcours personnel d'une manière qu'elle n'avait jamais envisagée. Cela a ouvert des portes, posé des défis, et en a fait une icône mondiale, mais au fond, c'était un voyage intensément personnel d'expression de soi et d'évolution artistique. Ses expériences au cours de cette période demeurent gravées dans son cœur, indélébilement liées à la musique qui a fait d'elle un nom familier, et à la femme qu'elle est devenue au milieu de la symphonie de la renommée.

Alors que nous entamons ce chapitre crucial du parcours de Sinead O'Connor, il est essentiel de d'abord s'appuyer sur le contexte dans lequel cet épisode dramatique a été mis en place. Pour Sinead, une artiste mondialement reconnue avec une voix distinctive et une capacité étonnante à évoquer des émotions brutes à travers sa musique, ses croyances, souvent exprimées sans hésitation, faisaient autant partie de sa personne que ses mélodies envoûtantes.

Née et élevée dans une Irlande profondément catholique, la relation de Sinead avec l'Église était complexe et tendue dès le début. Elle n'était pas étrangère à la controverse ; ses commentaires sur l'Église, faits au cours des années formatrices de sa carrière, étaient souvent ponctués d'un esprit indomptable et d'un désir profond de provoquer le changement. Ces premières déclarations, mélange de courage et de rébellion, étaient des précurseurs de l'événement sismique qui allait suivre une nuit d'octobre 1992.

Il est important de rappeler ici le contexte culturel plus large. Le début des années 90 était une période où de nombreuses questions auparavant tus commençaient à émerger dans le discours public. Les discussions autour des abus institutionnels au sein de l'Église prenaient de l'ampleur, alimentées en partie par des individus courageux comme Sinead, qui osaient lever le voile sur de telles vérités difficiles.

Son single bien connu, « Mandinka », était un reflet unique de ses sentiments complexes envers l'Église, une institution qui était, pour elle, à la fois un symbole de répression personnelle et sociétale. En effet, son propre nom, Sinead, qui signifie « Dieu est gracieux », semblait inextricablement lié à ses racines catholiques irlandaises, ajoutant une autre couche de complexité à sa relation tumultueuse avec l'Église.

Et ce n'était pas seulement sa musique qui répercutait ses opinions. Dans les interviews et les apparitions publiques, elle exprimait continuellement ses griefs à l'égard de l'Église, devenant de plus en plus vocale sur ses expériences et son désaccord quant à sa gestion de questions cruciales. Sa nature franche lui valut à la fois admiration et critique. Cependant, rien de ce qu'elle avait dit ou fait auparavant ne pouvait préparer le monde à ce qui allait se dérouler sur la scène de Saturday Night Live.

À mesure que nous avançons à travers ce chapitre, gardons à l'esprit cet arrière-plan - l'artiste farouche avec un esprit indomptable, n'hésitant jamais à dire sa vérité, aussi inconfortable soit-elle. Le voyage que nous sommes sur le point d'entreprendre est celui du courage, de la controverse et, surtout, de l'engagement envers la vérité qui a défini la vie et la carrière extraordinaires de Sinead O'Connor.

Le « Saturday Night Live », avec son historique de contenu audacieux et provocateur, semblait être la scène parfaite pour la téméraire et intransigeante Sinead O'Connor. Lorsque l'opportunité de participer à l'émission de sketchs comiques américaine bien-aimée s'est présentée à l'automne 1992, elle a été accueillie avec beaucoup d'enthousiasme et d'anticipation.

La réservation avait été relativement routinière. Sa vague récente de succès mondial avait attiré l'attention des producteurs, et l'attrait de Sinead était indéniable. Son style envoûtant et intense, associé à son authenticité brute et à son look distinctif, en faisait un choix attrayant pour l'émission qui défendait souvent ceux en dehors du courant dominant.

À l'approche de la performance, Sinead s'est plongée dans les répétitions, travaillant sur sa version envoûtante de « War » de Bob Marley. De l'extérieur, sa préparation ne semblait pas différente de celle de n'importe quel autre artiste. Elle se comportait avec un professionnalisme, était respectueuse envers l'équipe et déterminée à offrir une performance puissante.

Le choix de « War » comme chanson semblait approprié. Initialement écrit par Bob Marley comme un hymne de résistance, Sinead avait pris l'intention originale et l'avait recontextualisée. La chanson, entre les mains de Sinead, s'était transformée en un cri contre les abus sur les enfants, en particulier au sein des institutions religieuses. Cependant, en privé, Sinead nourrissait un plan secret que seules quelques personnes de confiance connaissaient. À l'insu de l'équipe de Saturday Night Live, elle avait l'intention de conclure sa performance par une déclaration de protestation qui ébranlerait les téléspectateurs du monde entier. Elle avait confié cette intention à quelques personnes sélectionnées, une photo du Pape Jean-Paul II en sa possession, attendant le moment d'être utilisée.

Alors que nous plongeons dans la nuit de la performance, il est essentiel de se souvenir de la dichotomie de la préparation de Sinead - le professionnalisme extérieur contrastant avec son intention cachée. Ce secret, ce plan déterminé à elle, se transformerait bientôt en un acte historique de protestation. Le monde était encore sur le point de découvrir l'ampleur totale de la résolution courageuse de Sinead O'Connor.

Nous étions le 3 octobre 1992 - une nuit d'automne typique avec une fraîcheur dans l'air, mais rien n'était ordinaire dans ce qui allait se produire dans le Studio 8H des NBC Studios à New York. Au son emblématique de l'introduction de Saturday Night Live, Sinead O'Connor est montée sur scène. Baignée dans la lumière bleue éthérée du studio, sa tête chauve caractéristique brillant, elle semblait être une figure hors de ce monde.

Sa chanson choisie, « War » de Bob Marley, était une sélection délibérée, réinterprétée pour représenter une protestation contre les abus sur les enfants. Sa poignance ne pouvait être surestimée, et alors que Sinead commençait à chanter, sa voix, un mélange unique de pureté mélodique et de puissance brute, remplissait la pièce. Il y avait une intensité captivante en elle, un magnétisme palpable qui attirait les téléspectateurs.

Puis, alors que la musique s'atténuait en arrière-plan, Sinead a levé une photo du Pape Jean-Paul II devant la caméra. Avec le monde entier qui regardait, elle l'a déchirée en morceaux, proclamant : « Luttez contre le véritable ennemi. » C'était un moment choquant, un acte bref qui semblait être une éternité, gravé à jamais dans les annales de l'histoire de la culture pop. Dans le silence qui a suivi, on aurait presque pu entendre le souffle collectif de millions de personnes.

L'acte était simple mais profond, une démonstration de rébellion et de protestation contre une figure qui symbolisait une institution qu'elle accusait de cacher des abus odieux. C'était quintessentiellement Sinead - défiant, passionné et sans compromis dans l'honnêteté. À ses yeux, ce n'était pas seulement une performance ; c'était une déclaration, un appel aux armes.

Au cœur de cet acte, il n'y avait pas d'intention d'offenser, mais plutôt un cri désespéré pour que le monde prête attention, qu'il remette en question le statu quo et qu'il reconnaisse l'obscurité cachée en pleine lumière. Pour ceux qui connaissaient Sinead, qui appréciaient sa musique et son esprit, cette action audacieuse n'était pas hors de caractère. C'était la manifestation de la même authenticité farouche qui avait coloré sa musique et sa carrière.

Pourtant, même en quittant la scène, les échos de sa protestation persistaient encore, et personne ne pouvait prédire l'ampleur de la tempête qui allait suivre. Sinead O'Connor avait touché une corde sensible, défiant une institution qui avait été à l'abri de la critique pendant des siècles. Le monde avait eu un aperçu du feu qui brûlait en elle, et les répercussions de ce geste unique résonneraient bien au-delà des murs du studio de Saturday Night Live.

Comprendre les motivations de Sinead O'Connor derrière cet acte provocateur est crucial pour éclairer la profondeur de son engagement à dénoncer les abus. Sinead n'avait pas agi impulsivement, ni sans réflexion, en prenant la décision de protester sur une plateforme mondialement reconnue. Elle était animée par une conviction profondément enracinée, façonnée par des expériences personnelles et collectives, en conjonction avec sa boussole morale inébranlable.

La chanteuse d'origine irlandaise avait été franche au sujet de son passé difficile. Élevée dans un environnement de violence domestique, elle avait fait l'expérience des effets dévastateurs du traumatisme. Ces expériences avaient eu un impact profond sur Sinead, la façonnant en une femme empathique et compatissante. Elle avait canalisé cette énergie empathique dans sa musique, mais au fil du temps, elle avait ressenti que chanter simplement sur ces questions n'était pas suffisant. Elle se sentait obligée d'agir.

Et agir, elle l'a fait. Elle avait choisi une cible bien plus vaste que ce qu'un individu aurait pu concevoir - l'Église catholique. L'institution était profondément enracinée dans sa patrie, l'Irlande, et elle avait vu les énormes préjudices qui se produisaient lorsqu'elle abusait de son pouvoir. Ce n'était pas seulement ses expériences personnelles - il s'agissait de la souffrance collective d'innombrables enfants à travers le monde, leurs appels à l'aide étouffés par l'institution même censée leur prodiguer soins et conseils. Elle avait une plateforme, une voix qui pouvait atteindre des millions de personnes, et elle la considérait comme son devoir de l'utiliser pour attirer l'attention sur ces atrocités.

"Je ne voulais pas seulement faire une jolie déclaration pop", avait déclaré Sinead, "mais montrer la puissance de la musique, et ma responsabilité en tant qu'artiste de faire face à la vérité et à la douleur." Ses motivations étaient enracinées dans sa conviction sincère qu'elle pouvait provoquer le changement, qu'elle pouvait inspirer la conversation et, finalement, catalyser l'action contre ce préjudice grave.

La photo du Pape Jean-Paul II n'était pas seulement une photographie ; pour Sinead, elle symbolisait la dissimulation des péchés graves de l'Église. La déchirer était sa façon de dénoncer l'institution, de remettre en question son autorité et son silence sur la question des abus sur les enfants.

"Combattez le véritable ennemi", avait-elle exhorté le monde, et ce faisant, elle avait montré qu'elle était prête à affronter toutes les répercussions qui en découleraient. Ses motivations étaient pures, bien qu'elles aient eu un coût élevé. Cet acte était bien plus qu'une simple protestation ; c'était un sacrifice personnel pour le bien de ceux qui avaient été réduits au silence, et un appel au monde pour reconnaître et aborder une question profondément troublante.

La réaction immédiate à la protestation de Sinead O'Connor lors de sa performance à l'émission Saturday Night Live a été aussi intense que variée. L'intensité brute de son acte - la déchirure délibérée et silencieuse de l'image du Pape après une performance évocatrice de "War" - a laissé une onde de choc palpable qui a résonné à la fois dans le studio et sur les écrans de télévision de millions de téléspectateurs.

À l'intérieur du studio, l'équipe et les rares membres du public présents avaient des places de choix pour assister à un moment historique. Certains racontent un silence stupéfait qui s'est abattu sur la pièce. L'audace de l'acte de Sinead, l'expression impassible sur son visage, le froissement choquant de la photographie - tous ont contribué à un moment surréaliste qui a laissé les spectateurs initialement sans voix. Les applaudissements attendus qui suivent généralement une performance musicale à SNL brillaient par leur absence. À la place, les dernières paroles de Sinead, "Combattez le véritable ennemi", résonnaient de manière sinistre dans le studio silencieux.

Dans la régie, il y a eu un mouvement immédiat alors que les producteurs et les réalisateurs luttaient avec ce qui venait de se produire. Le réseau a été inondé d'appels - de téléspectateurs en colère, de téléspectateurs confus, de téléspectateurs exprimant leur soutien. Le standard s'est allumé comme un arbre de Noël, chaque lumière représentant une personne ayant une opinion forte exigeant d'être entendue.

Et puis est venue la tempête dans la sphère publique, en particulier sur les plateformes de médias sociaux émergentes. À mesure que la nouvelle de sa protestation se répandait à travers le monde, la réaction était le reflet des opinions diverses et divisées du public. Certains considéraient l'acte de Sinead comme une offense, un geste irrespectueux envers une figure religieuse et une institution respectées. D'autres ont applaudi sa bravoure, son audace d'utiliser sa plateforme pour attirer l'attention sur un problème grave qui était trop souvent étouffé.

À mesure que la nuit se transformait en début de matinée, la machine médiatique était en pleine effervescence. L'image de Sinead, regardant intensément la caméra avec la photo déchirée dans sa main, est devenue une image sensationnelle gravée dans la mémoire culturelle de l'époque. C'était un moment de controverse, de courage et surtout de vérité non apologétique. Peu importe de quel côté de l'argument on se trouvait, une chose était indéniable : Sinead O'Connor avait efficacement suscité une conversation qui était depuis longtemps attendue.

Dans le sillage de la manifestation choquante de Sinead O'Connor à l'émission Saturday Night Live, ce n'était pas seulement le public qui se sentait obligé de répondre. L'Église catholique, en tant que sujet principal de sa protestation, s'est retrouvée au centre d'un projecteur inconfortable.

La réponse de l'Église était aussi complexe que l'institution elle-même. Elle allait des expressions de déception et d'indignation à une reconnaissance plus discrète des problèmes soulevés par O'Connor. À la Cité du Vatican, le centre de la communauté catholique mondiale, un porte-parole a émis une déclaration exprimant "tristesse et regret" pour l'incident, notant que c'était "un acte triste et

regrettable, en particulier pour tous ceux qui tiennent à cœur la personne du Pape."
Cependant, la réponse de l'Église n'était pas uniformément défensive. En effet, certains au sein de l'institution reconnaissaient, bien que dans des tons feutrés, le contexte inconfortable de la controverse. Des scandales concernant les abus sur des enfants au sein de l'Église avaient commencé à émerger dans les années précédant la protestation d'O'Connor, et certains membres du clergé posaient discrètement les mêmes questions que l'acte de Sinead avait contraint à entrer dans le discours général.

Le Père Michael Pfleger, un prêtre catholique de Chicago et un critique franc de la manière dont l'Église traitait les scandales d'abus, a exprimé son soutien à O'Connor. Il a reconnu son courage, affirmant que "Elle a déchiré une photo du Pape, mais l'Église, dans son silence, a déchiré l'image de Dieu dans ses enfants."
Pourtant, ces points de vue plus compatissants étaient souvent noyés par les voix plus bruyantes et plus réactionnaires. Les critiques les plus vocaux voyaient l'acte de Sinead comme un geste offensant et irrespectueux qui sapait non seulement la figure du Pape, mais la foi et les valeurs de millions de catholiques dans le monde entier.

Alors que la poussière commençait à retomber, l'Église, comme le reste du monde, était laissée à la recherche des conséquences de la protestation de Sinead. Les problèmes qu'elle avait mis en lumière étaient inconfortables et exigeants, obligeant une réévaluation de certaines pratiques et traditions. Ainsi, l'acte de Sinead est devenu un catalyseur, accélérant les conversations et les changements qui façonneraient l'Église catholique dans les années à venir.

Après la performance à Saturday Night Live, la réaction du public a été aussi immédiate que viscérale. Sinead O'Connor, jusqu'alors connue pour sa voix envoûtante et sa tête rasée, était devenue en quelques secondes un point focal mondial de discussion et de débat. La fragmentation de sa photographie du Pape résonnait dans le monde entier, éclatant également la perception publique d'elle.

Les fans d'O'Connor étaient divisés. Beaucoup, pris au dépourvu, se trouvaient à lutter avec l'acte d'une musicienne qu'ils révéraient. Certains admiraient son engagement audacieux contre une institution qu'elle considérait comme profondément défectueuse ; ils y voyaient un témoignage de son intrépidité, un attribut qu'ils avaient appris à associer à sa musique. Des courriels, des lettres et des messages de soutien affluaient, louant son courage, son refus de rester silencieuse face à l'injustice. Cependant, d'autres étaient moins indulgents. Les fans qui l'avaient admirée pour ses mélodies envoûtantes avaient maintenant du mal à distinguer l'artiste de l'acte. Les médias sociaux, encore dans leurs premières années, se sont rapidement enflammés de débats sur la question de savoir si son geste était un acte de bravoure ou un manque de respect flagrant. Les sites Web de fans et les forums, précurseurs des groupes Facebook et des fils Reddit à venir, ont été inondés de discussions enflammées.

Quant à ses détracteurs, leurs voix étaient fortes et résonnantes. Sinead a été qualifiée de blasphématrice, de chercheuse d'attention, voire de méchante. La communauté irlando-américaine, en particulier, s'est sentie profondément offensée, leurs loyautés doubles envers leur foi et leurs racines rendant l'incident particulièrement douloureux. Les menaces de bombes ont afflué vers les salles de concert, les stations de radio du monde entier ont été inondées d'appels pour interdire sa musique, et ses disques ont été publiquement écrasés par des rouleaux compresseurs lors de manifestations de colère.

C'était une période tumultueuse pour O'Connor, sa carrière et son image publique étant désormais marquées par un seul acte de protestation. Pourtant, même au cœur de cette tempête, Sinead est restée résolument elle-même. Elle a supporté le poids de la colère du public avec la même conviction qu'elle avait affichée lors de cet épisode fatidique de Saturday Night Live. Les répercussions de ce moment résonneraient tout au long de sa carrière, la marquant comme une figure polarisante dans les annales de l'histoire de la musique. Pourtant, à bien des égards, cela a également mis en évidence l'essence même de Sinead O'Connor - intransigeante, honnêtement décomplexée et d'une bravoure inébranlable.

La carrière de Sinead O'Connor après Saturday Night Live a été marquée par un changement presque instantané. En quelques jours, son image n'était plus seulement celle d'une musicienne talentueuse, mais aussi celle d'une figure de controverse. Les conséquences immédiates étaient à la fois brutales et étendues, leurs répercussions ricochant à travers tous les aspects de sa carrière.

Les apparitions ont été annulées brusquement, et les portes qui lui étaient ouvertes se sont refermées. Frank Sinatra, un symbole de l'establishment même contre lequel Sinead s'était élevée, a menacé de "la botter aux

fesses". Une apparition au concert hommage très médiatisé à Bob Dylan, à peine deux semaines après la performance à Saturday Night Live, a été ponctuée de huées du public, un signe décourageant de l'époque.
Pourtant, en témoignage de son courage, Sinead est revenue sur scène après que les huées se soient apaisées et a livré une interprétation étonnamment brute de "War" de Bob Marley, la même chanson qu'elle avait chantée à Saturday Night Live. C'était un rappel frappant du talent incroyable au cœur de la controverse.
Sa musique aussi a été touchée par l'incident. Les stations de radio ont mis ses chansons sur liste noire, les ventes de disques ont chuté et Sinead, autrefois une étoile montante, était maintenant une paria dans l'industrie musicale. Malgré tout, sa production artistique n'a jamais diminué. Elle a continué à produire de la musique, ses chansons reflétant son esprit indomptable. Elles étaient imprégnées d'une profondeur nouvelle, résonnant avec la douleur et la défiance qu'elle a vécues pendant cette période.

À long terme, l'incident de SNL a jeté une ombre profonde sur la carrière de Sinead O'Connor. Cependant, il ne l'a pas définie. Bien qu'il ait entraîné des années de difficultés et d'ostracisme, il a également porté son histoire à un public plus large. Sa musique a touché des gens qui s'identifiaient à sa lutte, à son opposition à la corruption systémique et à son honnêteté inébranlable. Son acte avait tracé une profonde ligne de division dans l'opinion publique, mais il avait également amplifié sa voix, une voix qui continuait de chanter, sans se décourager.
La carrière de Sinead après l'incident a été marquée par la résilience et l'engagement indéfectible envers son art. Malgré les obstacles colossaux auxquels elle a fait face,

elle a continué d'avancer, sa musique devenant un hymne pour ceux qui osaient remettre en question, pour ceux qui osaient s'opposer au courant dominant. C'était un témoignage de son esprit indomptable, un esprit qui refusait d'être réduit au silence, un esprit qui pouvait encore être entendu dans chaque note qu'elle chantait.

Le temps a le pouvoir d'ajouter une couche de sagesse aux actions passées, de jeter un nouvel éclairage sur les événements, et les réflexions rétrospectives de Sinead O'Connor sur l'incident de SNL en sont un témoignage. Au fil des ans, ses réflexions sur cette nuit déterminante ont évolué, révélant une femme qui a lutté avec son passé, a fait la paix avec lui et a grandi grâce à lui.

Dans l'immédiat après l'incident, Sinead était résolue et inflexible, restant ferme au cœur de la tempête. Elle n'a pas vacillé face aux critiques, mais l'a plutôt considéré comme une confirmation de son point de vue - que les puissants et les corrompus ne devaient pas être remis en question.

Au fil des années, à mesure que le bruit s'est apaisé et que la poussière est retombée, Sinead a commencé à plonger plus profondément dans ses motivations et ses émotions entourant cette nuit-là. Elle a avoué ressentir de la peur et de la vulnérabilité, bien loin de l'image apparemment défiant qu'elle avait projetée en déchirant la photo en direct à la télévision. "J'avais vraiment peur", a-t-elle avoué lors d'une interview en 2010 avec The Guardian. "J'étais une peureuse."

Cependant, sa réflexion n'est pas empreinte de regrets. Elle maintient que l'acte était celui de la désespérance plutôt que de la rébellion. "Si je n'avais pas fait ça, mon esprit aurait été brisé", a-t-elle déclaré lors d'une interview en 2019 avec CBS. Son positionnement sur la question reste inchangé ; elle est aussi critique envers l'Église aujourd'hui qu'elle l'était à l'époque, son expérience n'ayant pas éteint son esprit, mais ayant plutôt attisé les flammes de sa résolution.

Avec le temps, les réflexions de Sinead O'Connor sur l'incident de SNL ont dressé un portrait plus complet de la femme derrière la controverse, une femme qui n'était pas seulement défiant, mais aussi effrayée ; pas seulement effrontée, mais aussi vulnérable. Elles montrent son évolution depuis une jeune musicienne propulsée sous les projecteurs jusqu'à une femme qui a vécu les hauts et les bas qui l'ont accompagnée. Elles mettent en lumière les complexités de son caractère, soulignant l'humanité sous l'icône, clarifiant que son acte n'était pas un geste calculé mais un cri sincère pour le changement.

L'histoire de Sinead O'Connor est, à bien des égards, une histoire de survie. De résilience face à l'adversité, de maintien de sa voix au milieu d'un chœur de désaccords. Ses réflexions sur l'incident de SNL ne sont qu'un chapitre de ce récit, un regard poignant sur un moment qui a défini sa carrière, et une femme qui, en y réfléchissant, continue de se redéfinir.

À mesure que nous approchons de la conclusion de ce chapitre, il est impossible de ne pas réfléchir à l'héritage profond et étendu de la protestation de Sinead O'Connor lors de l'émission Saturday Night Live. Ce qui était autrefois un moment de défiance choquante s'est transformé en un symbole durable de courage et de résistance. Aujourd'hui, ses échos résonnent dans les couloirs de la culture pop et du discours socio-politique.

L'acte de Sinead de déchirer la photo du Pape en direct à la télévision, qui semblait si radical à l'époque, est devenu une étape dans la conversation longue et continue sur les controverses de l'Église catholique. Elle est devenue une sorte de pionnière réticente, sa protestation précédant la reconnaissance généralisée des problèmes qu'elle cherchait à mettre en lumière. Avec du recul, ses actions cette nuit-là sont perçues par beaucoup comme une tentative audacieuse, bien que désespérée, de forcer l'ouverture d'un dialogue qui avait été trop longtemps maintenu dans l'ombre.

L'impact de sa protestation sur la perception publique de Sinead en tant qu'artiste est indéniablement complexe. Initialement accueilli avec surprise et dérision, l'épisode a jeté une longue ombre sur sa carrière musicale, entachant la vision du public à son égard en tant qu'artiste. Pourtant, à long terme, ses actions lui ont également valu un respect unique. Elle est célébrée pour son refus de se détourner des vérités inconfortables, pour sa constance face à la condamnation et pour son engagement inébranlable envers ses convictions. À mesure que le public et les médias ont lentement fait face aux problèmes qu'elle a mis en avant, il y a eu une reconnaissance à contrecœur de sa bravoure, même parmi ses détracteurs.

L'histoire réelle de Sinead O'Connor, la femme derrière le gros titre, a mis du temps à émerger. Dans la crucible de l'incident de SNL, le public a vu une jeune femme osant confronter le pouvoir et la tradition. Aujourd'hui, elle est reconnue comme bien plus : une survivante, une militante, une pionnière et surtout, une artiste d'un immense talent et d'une conviction profonde.

Alors que le rideau tombe sur ce chapitre de la vie de Sinead O'Connor, nous sommes laissés avec le portrait d'une artiste qui a investi la plus grande scène du monde non seulement pour chanter, mais pour rugir. Sa protestation, loin d'être un acte impulsif de rébellion, fut un moment de profonde vulnérabilité et de force, un témoignage indélébile de sa conviction. Son héritage n'est pas seulement l'image d'une photo déchirée, mais les ondes de choc d'une vérité qui a refusé d'être réduite au silence.

En fin de compte, la protestation de Sinead O'Connor continue d'être rappelée non pas pour sa controverse, mais pour son courage. On l'étudie non pas pour les réactions immédiates qu'elle a suscitées, mais pour les conversations importantes qu'elle a initiées. Elle continue de la définir non pas pour la carrière qu'elle a menacé de dérailler, mais pour la résilience qu'elle a exigée et l'héritage qu'elle a laissé derrière elle. Et c'est en effet le témoignage ultime du pouvoir d'une femme qui n'a pas peur de chanter sa vérité, quel qu'en soit le coût.

" Combattante Inlassable "

L'écran de télévision devint noir. Le silence du plateau de SNL semblait se répandre, atteignant les profondeurs de millions de salons à travers la nation, suspendant momentanément le pouls de la vie elle-même. Les fragments de papier de la photographie du Pape voletèrent et se posèrent sur la scène, chaque morceau portant le poids de l'acte stupéfiant et brûlant que Sinead O'Connor venait de commettre. Ce n'était pas seulement une photographie qu'elle avait déchirée ; elle avait déchiré le voile de l'attente du public, testant les limites de la célébrité, de la foi et de la liberté d'expression. Les répliques de cet acte arriveraient rapidement, impactant profondément la vie personnelle et professionnelle de la jeune artiste.

Dans les heures qui ont suivi, Sinead s'est retrouvée dans un tourbillon de réactions. C'était comme si elle avait ouvert un nid de frelons, envoyant un essaim de réponses bourdonner autour d'elle. Les réactions initiales étaient chargées d'une qualité brute et viscérale, mélangeant le choc, l'indignation et, pour certains, l'admiration. Son téléphone était inondé d'appels - des journalistes en quête de commentaires, des membres de la famille s'inquiétant pour son bien-être, des amis exprimant leur incrédulité, et des collègues partageant leur consternation ou leur soutien.

La tranquillité de son domicile fut remplacée par une tension qui pesait lourdement dans l'air. Chaque sonnerie du téléphone, chaque coup à la porte, apportait une vague fraîche d'incertitude. S'agirait-il d'un ami ou d'un ennemi ? D'un allié ou d'un antagoniste ? D'un partisan ou d'un critique ?

Face à un examen aussi intense, la Sinead qui émergea était faite de stoïcisme et de détermination. Même si son espace personnel se rétrécissait, son esprit restait inébranlable. Le monde voyait sa résilience dans chaque réponse sans faille qu'elle donnait aux médias, dans chaque performance audacieuse qu'elle livrait dans les jours qui suivaient. Il y avait un message clair derrière son regard inébranlable et l'ensemble déterminé de sa mâchoire - Sinead O'Connor ne serait pas réduite au silence ni intimidée.

Au cœur de tout cela, sa réaction était quintessencielle de Sinead - crue, honnête et authentiquement sans excuse. Elle semblait posséder une boussole interne qui la maintenait stable même au milieu de la tempête de la controverse. Elle naviguait chaque jour la tête haute, alimentée par la conviction qu'elle avait fait ce qu'elle croyait être juste.

En tant qu'artiste, elle était profondément consciente des répercussions potentielles sur sa carrière. L'industrie musicale était une bête complexe, pouvant être aussi impitoyable que gratifiante. Et pourtant, il n'y avait pas de cachette, pas de retraite. Elle faisait face à chaque interview, chaque apparition publique, avec la détermination d'une guerrière, prête à défendre ses convictions. C'était l'esprit d'une combattante infatigable, un esprit qui continuerait à définir Sinead O'Connor dans les années à venir. Le voyage ne faisait que commencer, tout comme l'histoire de la détermination inflexible de Sinead.

Le rôle des médias dans la construction de la narration autour de l'acte de protestation de Sinead était, pour le dire modérément, significatif. À une époque antérieure aux médias sociaux, les médias traditionnels imprimés et diffusés détenaient un quasi-monopole sur le discours public. Journaux, magazines, talk-shows télévisés et programmes radio étaient les principaux moyens par lesquels les gens recevaient leurs informations et formaient leurs opinions.

Le lendemain de sa prestation à SNL, Sinead s'est réveillée dans un paysage médiatique complètement transformé par son acte. Chaque grand journal, du New York Times au Los Angeles Times, avait son histoire en première page. Les réseaux de télévision ont diffusé des heures de couverture pour disséquer son acte, avec des présentateurs et des experts offrant leur analyse et leur opinion. Les magazines, qu'ils soient axés sur la musique ou d'intérêt général, publiaient des articles sur elle. Les médias étaient en feu avec 'Sinead O'Connor'.

La couverture était aussi polarisée qu'intense. Certains médias condamnaient son acte comme un coup publicitaire irrespectueux, une tentative délibérée de choquer et de provoquer. Ils peignaient un portrait de Sinead comme une rebelle erratique sans cause, mettant davantage l'accent sur sa tête rasée et sa personnalité franche que sur sa musique ou son message.

D'un autre côté, il y avait aussi ceux dans les médias qui abordaient la situation avec plus de nuance. Ils reconnaissaient le courage qu'il fallait pour faire une déclaration aussi provocatrice à la télévision en direct, contextualisant sa protestation dans la critique plus large de l'Église catholique. Ils exploraient ses motivations, plongeaient dans son histoire personnelle et ses opinions antérieures sur l'Église.

Cependant, qu'ils soient favorables ou critiques, une chose était cohérente partout : la focalisation intense sur Sinead O'Connor en tant qu'individu. Chaque aspect de sa vie était analysé, disséqué et parfois déformé. La chanteuse irlandaise, connue pour sa voix soul et ses paroles déchirantes, était devenue la figure centrale d'un cirque médiatique, une participante involontaire dans la narration tissée par le cycle d'actualités de 24 heures.

Pour le public, les médias servaient de lentille à travers laquelle ils voyaient Sinead. Et cette lentille, teintée d'un mélange d'éloges, de critiques et de sensationnalisme, influençait considérablement la façon dont les gens percevaient sa protestation et elle en tant qu'artiste. À bien des égards, les médias devenaient la scène sur laquelle le drame de la protestation de Sinead continuait de se dérouler, bien après que les lumières du plateau de SNL se soient éteintes.

La réaction de l'industrie musicale à la protestation de Sinead fut aussi complexe et variée que la protestation elle-même. Cette industrie est constituée d'artistes, de dirigeants, de critiques, de fans et de nombreux autres acteurs, chacun avec sa propre perspective et son propre agenda. Par conséquent, les réponses à son acte allaient du soutien et de l'admiration à la surprise, au mépris, et tout ce qui se trouve entre les deux.

Certains musiciens confrères ont exprimé leur solidarité envers Sinead. Ils ont applaudi son courage, sa volonté d'utiliser sa plateforme pour faire une déclaration audacieuse sur une question qui la passionnait profondément. Des artistes, eux-mêmes connus pour repousser les limites et exprimer leur vérité, se sont identifiés à l'audace et à l'engagement de Sinead. Ils l'ont admirée pour oser risquer sa carrière pour un principe, un geste qui à leurs yeux en disait long sur son caractère.

D'un autre côté, il y avait aussi ceux au sein de l'industrie qui étaient moins sympathiques. Certains ont critiqué sa méthode de protestation, arguant qu'elle était trop agressive ou inappropriée. D'autres craignaient les implications de son acte sur l'industrie dans son ensemble, redoutant des répercussions potentielles contre les musiciens exprimant des opinions politiques ou controversées.

D'un point de vue commercial, la réponse de l'industrie était plus claire. La musique de Sinead a été retirée de nombreuses stations de radio, et certains détaillants ont même refusé de vendre ses disques. C'était une forme de censure silencieuse, un moyen discret mais efficace de réduire sa portée et son influence.

Les dirigeants de maisons de disques, ceux qui étaient aux commandes de l'industrie musicale, se trouvaient dans une position particulièrement difficile. D'une part, ils devaient gérer une artiste qui venait de générer une énorme publicité, bien que controversée. D'autre part, ils devaient faire face à la possibilité de boycotts et de ventes perdues. Équilibrer ces facteurs était un acte délicat, une marche sur la corde raide entre soutenir un artiste de leur catalogue et protéger le résultat financier.

Au milieu de tout cela, Sinead elle-même est restée résiliente. Elle n'a pas fui les projecteurs, mais les a affrontés de front. Elle a abordé la controverse dans des interviews et des performances, renforçant ainsi sa position et refusant de reculer. À travers tout cela, elle était un exemple de détermination, un témoignage de sa profonde croyance dans la cause pour laquelle elle se battait.

Ce chapitre de la carrière de Sinead sert de rappel saisissant des défis auxquels les artistes peuvent être confrontés lorsqu'ils choisissent d'utiliser leur plateforme pour s'exprimer. C'est une leçon sur le pouvoir de la conviction, le coût de la controverse et l'esprit indomptable d'un véritable artiste.

Dans le tourbillon chaotique de la controverse où Sinead s'est trouvée, au milieu, ont émergé, tel un phare, quelques sources de soutien inattendues. Ces soutiens étaient des individus et des groupes qui, en dépit de la forte vague de critiques et de réactions négatives, ont choisi de se tenir aux côtés de Sinead, exprimant publiquement ou en privé leur compréhension et leur empathie à son égard.

Un soutien notable est venu de l'industrie du divertissement elle-même. Bien que de nombreux acteurs de son domaine se soient éloignés de son acte controversé, il y avait ceux qui la tenaient en haute estime. Ils voyaient en elle une femme ayant le courage d'utiliser sa plateforme pour parler vrai face au pouvoir. Kris Kristofferson, un musicien très respecté, était l'une de ces figures qui a exprimé son soutien, louant son courage à une époque où c'était risqué de le faire.

Le grand public aussi, bien qu'il ait eu sa part de critiques, comptait des individus qui étaient compatissants envers Sinead. À une époque antérieure aux réseaux sociaux, ces voix n'avaient peut-être pas une portée aussi vaste qu'aujourd'hui, mais elles se sont fait entendre à travers des lettres aux journaux, des appels aux stations de radio et des discussions au sein de leurs communautés. Leur soutien témoignait d'une compréhension plus profonde de la protestation de Sinead - une reconnaissance qu'elle dénonçait une institution qu'elle estimait profondément défaillante.

Les organisations à but non lucratif, en particulier celles travaillant avec les survivants d'abus, sont également devenues des alliées improbables. Elles ont reconnu la gravité des problèmes auxquels Sinead tentait d'attirer l'attention et ont apprécié ses efforts pour les mettre en lumière. Ces groupes ont offert à la fois un soutien moral et une aide pratique, utilisant leurs plateformes pour mettre en avant les mêmes problèmes qui passionnaient Sinead.

Peut-être le plus réconfortant était le soutien de sa base de fans. Ceux qui avaient suivi de près sa musique et étaient familiers avec les thèmes qu'elle explorait dans ses paroles comprenaient d'où elle venait. Ils considéraient la protestation non pas comme un acte de rébellion, mais comme une continuation du message qu'elle avait toujours véhiculé à travers son art.

Ces partisans inattendus ont été une partie essentielle de l'histoire de Sinead à cette époque. Face à la controverse, ils lui ont offert du réconfort et de la validation, un rappel qu'il y avait encore ceux qui la comprenaient et l'appréciaient pour ce qu'elle était - une artiste dévouée, une militante inébranlable, une femme de conviction profonde. Ils étaient des éclats de lumière dans ce qui aurait pu être sinon une période très sombre.

L'examen du public peut être une force écrasante, telle une marée implacable menaçant d'éroder la détermination. Pourtant, face à cela, Sinead O'Connor est restée inébranlable. Elle avait lancé une pierre qui avait créé des ondes à travers le monde, et maintenant elle observait les vagues s'abattre autour d'elle.

Sinead n'était jamais étrangère à l'attention du public. De sa montée fulgurante vers la célébrité à ses expressions passionnées de ses convictions, elle avait toujours été sous les projecteurs. Mais le regard scrutateur qui est venu après l'incident de SNL était d'une toute autre ampleur. Ce n'était pas seulement le glamour de la vie de célébrité, c'était un examen intense de son caractère, de ses croyances et de ses actions. Le monde observait et attendait de voir si elle flancherait.

Malgré la pression, Sinead a montré une résilience inspirante. Les protestations, la réaction des médias, même le rejet de l'industrie elle-même ne l'ont pas découragée. Elle a maintenu ses actions, inébranlable dans ses convictions. Pour beaucoup, c'était une manifestation saisissante de force. Pour ceux qui la connaissaient, c'était simplement Sinead en train d'être Sinead - inébranlable, sans excuses et authentique.

Son courage s'est pleinement manifesté dans les interviews, où elle a défendu sa décision avec une certitude calme qui démentait la tempête qui faisait rage autour d'elle. Même face à des intervieweurs hostiles ou à des questions difficiles, elle est restée calme, articulant ses points de vue avec une clarté qui laissait entrevoir sa profonde conviction.

De plus, les actions de Sinead pendant cette période ne se limitaient pas à se défendre. Elle a continué d'utiliser sa plateforme pour plaider en faveur des questions qui lui tenaient à cœur, poussant la conversation sur les abus au sein de l'Église au premier plan. Son engagement envers la cause, même face à des difficultés personnelles et professionnelles, était un témoignage de sa détermination inébranlable.

Le monde pouvait observer, attendant qu'elle cède sous la pression. Mais Sinead O'Connor est simplement restée ferme. Elle a affronté le regard scrutateur avec un courage constant qui était non seulement louable mais aussi inspirant. Et ce faisant, elle a renforcé sa réputation en tant que force redoutable, une femme qui refusait d'être réduite au silence, une combattante qui refusait de reculer.

Inébranlable face à un examen intense, Sinead O'Connor est revenue sur la scène musicale, déterminée à continuer de partager son art avec le monde. La tempête qui avait éclaté avec sa protestation lors de Saturday Night Live avait été féroce et implacable. Pourtant, au lieu de la détruire, elle semblait avoir renforcé son esprit, la rendant encore plus résolue à exprimer sa voix à travers le médium qu'elle chérissait le plus - la musique.

Le retour de Sinead dans l'industrie musicale a suscité des émotions mitigées. Le monde observait, certains avec le souffle coupé, d'autres avec une appréhension prudente. Il y avait ceux qui la considéraient comme controversée et difficile à accepter, mais il y avait aussi beaucoup de personnes encore captivées par son talent brut, sa voix qui avait autrefois résonné à travers le monde avec une interprétation émouvante de 'Nothing Compares 2 U'.

Son retour à la musique n'a pas été facile. Des concerts ont été annulés, des contrats ont été retirés et pendant un certain temps, il semblait que l'industrie musicale lui fermait ses portes. Les ventes de disques ont chuté en raison de la réaction négative, les stations de radio sont restées silencieuses sur ses chansons. Il aurait été facile pour elle de succomber aux adversités, mais Sinead a choisi de suivre le rythme de sa propre musique.

Malgré les hésitations de l'industrie, Sinead a sorti son quatrième album studio, "Universal Mother", en 1994. C'était un témoignage de sa résilience artistique, avec des chansons profondément personnelles, entremêlées de ses commentaires sociaux et politiques caractéristiques. Bien qu'il n'ait pas atteint le succès commercial de ses prédécesseurs, il a trouvé un écho auprès d'une base de fans qui admirait non seulement sa musique, mais aussi son courage inébranlable.

Sinead a continué de créer de la musique dans les années qui ont suivi, sa production indéfectible malgré les vagues turbulentes que sa carrière devait naviguer. Son art est devenu sa forteresse, un refuge où elle pouvait exprimer sa vérité sans craindre d'être réduite au silence. Les albums qui ont suivi portaient la marque d'une artiste qui n'avait pas peur de dévoiler son âme, indifférente aux ombres de la controverse.

Tout au long de sa carrière post-protestation, Sinead O'Connor a montré un courage formidable. Elle a confronté les adversités avec une résolution inébranlable, canalisant sa passion dans sa musique, l'utilisant comme un puissant moyen d'exprimer ses convictions. Au milieu d'une mer de critiques et de jugements, elle a trouvé son rythme, une harmonie qui se manifestait dans les paroles émouvantes et les mélodies profondes qui définissaient sa musique. En agissant ainsi, elle a souligné l'essence de son caractère - une combattante infatigable, une mère universelle, une artiste intrépide.

Le parcours de Sinead O'Connor, tel le récit d'une épopée, a été jalonné de sommets de triomphe et de vallées d'adversité. Après sa protestation, sa vie a connu un bouleversement sismique, avec des oscillations entre des moments de gloire personnelle et professionnelle et des épreuves qui sont devenues la nouvelle norme.

Sur le plan professionnel, les retombées initiales de la protestation se sont manifestées par une baisse de succès commercial. Ses albums, bien que toujours acclamés par la critique pour leur profondeur artistique et leur sincérité émotionnelle, n'ont pas atteint les ventes de ses enregistrements d'avant la protestation. La réaction mitigée à "Universal Mother", malgré son récit profondément personnel et artistique, a été un coup dur. Pourtant, Sinead est restée inflexible, canalisant sa créativité dans sa musique. Même lorsque les portes de l'industrie semblaient se fermer, elle a trouvé des opportunités, sortant continuellement de la musique qui reflétait sa vérité.

La vie personnelle de Sinead n'était pas non plus tranquille. La connaissance publique de ses luttes contre la santé mentale s'est aggravée par sa discussion ouverte sur son diagnostic de trouble bipolaire en 2007. Ces révélations ont suscité à la fois de l'empathie et de l'examen minutieux, les critiques remettant encore plus en question ses actions. Au milieu de ces tumultes, Sinead était un phare de résilience, sa vulnérabilité devenant sa force alors qu'elle utilisait sa plateforme pour sensibiliser aux problèmes de santé mentale.

Elle a affronté ses épreuves de front, qu'elles soient liées à ses relations, à la garde de ses enfants ou à sa lutte contre les problèmes de santé mentale. Son honnêteté, à la fois douloureuse et inspirante, a peint le portrait d'une femme sans crainte de dévoiler ses cicatrices. Cette communication ouverte au sujet de ses luttes a créé un lien avec ses fans, beaucoup trouvant du réconfort dans sa musique et dans sa franchise.

Le manège de montagnes russes de sa carrière, les fluctuations de l'opinion publique, les batailles personnelles qu'elle a menées – Sinead a fait face à tout cela avec une ténacité inébranlable. Chaque haut et bas est devenu une partie de sa chanson, la symphonie de sa vie, chaque note façonnée par ses expériences. Les vallées ne l'ont pas découragée, et les sommets ne l'ont pas rendue complaisante. Ils témoignent plutôt de son esprit indomptable, ajoutant une profondeur humaine riche à la mélodie durable de la chanson de sa vie.

Le défi de Sinead O'Connor face à l'adversité n'est pas seulement une note de bas de page dans sa biographie, c'est un gros titre audacieux. Tandis que les critiques et les examens l'entouraient, elle est restée ferme dans ses convictions et les raisons derrière sa protestation, défendant continuellement ses actions contre une multitude de détracteurs.

Dès le départ, Sinead a tenu bon. Immédiatement après la protestation, au milieu du tumulte des réprimandes, sa voix était claire et inébranlable. "Je n'ai aucun regret", a-t-elle déclaré lors d'une interview. "Je le referais sans hésiter." Elle a souligné que sa protestation n'était pas dirigée contre la foi ni contre ceux qui trouvent du réconfort dans l'église, mais contre l'institution qui avait fermé les yeux sur les abus et les souffrances répandus en son sein. Avec le temps, la défense de sa protestation par Sinead n'a pas fléchi. Dans les interviews et les apparitions publiques, elle a revisité ses motivations et ses actions, renforçant à chaque fois son point de vue. Les excuses que beaucoup exigeaient ne sont jamais venues. Au lieu de cela, elle a réaffirmé à maintes reprises que sa protestation était née du désir d'éclairer un problème grave.

Dans ses interactions sur les réseaux sociaux, elle était tout aussi inébranlable. Twitter et Facebook sont devenus des plateformes où elle s'engageait directement avec ses détracteurs et ses partisans, défendant sa position avec la même intensité qu'elle l'avait fait des années auparavant. Ses publications, franches et sans détour, étaient le reflet de son esprit indomptable.

Lorsque "Saturday Night Live" l'a invitée à revenir pour leur 40e anniversaire, Sinead a décliné, restant fidèle à ses actions passées. Elle était inflexible, déclarant : "Je le referais, et mieux." Même lorsque l'industrie a lentement commencé à changer de perspective sur ses actions, sa défense n'est jamais devenue une justification. Sa protestation n'était pas un appel à la controverse, mais un cri pour la justice.

Le passage du temps n'a pas érodé sa résolution. Sa défense de sa protestation n'était pas seulement le reflet de sa force, mais un témoignage de sa croyance profondément enracinée dans sa cause. Son refus de reculer, d'adoucir sa position ou de simplement passer à autre chose, n'a fait qu'ajouter à la gravité de sa protestation. Dans une industrie et un monde qui exigeaient souvent la conformité, Sinead O'Connor s'est dressée fièrement, une sentinelle inébranlable en défense de ses actions et de ses convictions.

La transformation de la perception publique envers Sinead O'Connor est semblable au retournement d'une marée, un changement lent et progressif qui a abouti à un paysage bien différent de celui qui s'était dressé initialement à la suite de sa protestation. Comprendre ce changement est aussi crucial que comprendre Sinead elle-même, car c'est un témoignage non seulement de sa ténacité et de sa résilience, mais aussi du pouvoir de son acte et du changement dans le discours sociétal au fil du temps.

Après sa protestation, Sinead est devenue le centre de l'indignation publique. Des accusations de blasphème, de dérision et de moquerie lui ont été lancées de toutes parts. Cette négativité était palpable, des gros titres des journaux qui la qualifiaient de "folle" aux critiques cinglantes diffusées à la télévision et à la radio. Sa musique a été boycottée, ses concerts ont été accueillis par des manifestations, sa personnalité est devenue synonyme de controverse.

Pourtant, Sinead est restée fidèle à sa position, en résistant à la tempête de l'examen public et de la réaction négative. Au milieu de ce tumulte, elle a continué à faire de la musique, à s'exprimer, elle est restée, surtout, elle-même. Et au fil des années, quelque chose a commencé à changer.

Avec le tournant du siècle et l'avènement d'un journalisme d'investigation plus rigoureux, les scandales d'abus sur enfants au sein de l'Église catholique ont éclaté au grand jour, validant la protestation de Sinead. Le flot de l'opinion publique a commencé à changer. La femme autrefois vilipendée en tant que radicale était désormais perçue sous un nouveau jour : une lanceuse d'alerte, une prophétesse, une femme qui avait osé parler quand d'autres étaient restés silencieux.

Les plateformes de médias sociaux sont devenues des scènes pour des excuses publiques et des expressions d'admiration pour Sinead. Des hashtags comme #SineadHadReason ont fait des tendances, et beaucoup ont utilisé leurs plateformes pour admettre qu'ils s'étaient trompés à son sujet. Des émissions de télévision et des médias d'information qui l'avaient autrefois vilipendée ont maintenant tendu la main, l'invitant à parler de son expérience.

En traversant tout cela, Sinead a géré cette évolution de la perception avec grâce. Elle n'a ni jubilé de la validation ni évité d'aborder les premières réactions négatives. En un sens, elle avait passé à autre chose, se concentrant davantage sur sa musique, son art et son parcours que sur la cour de l'opinion publique.

Pourtant, elle a reconnu le changement. Elle a remercié ses partisans, elle a accepté les excuses, mais surtout, elle a rappelé à tous que la véritable réparation n'était pas pour elle, mais pour les victimes dont elle avait cherché à mettre en lumière la situation. Ce récit, à la fois puissant et compatissant, a cimenté la place de Sinead non seulement en tant que musicienne talentueuse, mais aussi en tant que défenseuse infatigable, protestataire courageuse, et surtout, annonciatrice du changement.

"Héritage Continué" : L'héritage durable de Sinead O'Connor est autant un témoignage de sa résolution inébranlable face à l'adversité qu'un hommage à son talent exceptionnel en tant qu'artiste. Sa position inébranlable contre les injustices qu'elle perçoit a non seulement façonné sa personne publique, mais a également continuellement influencé sa vie et sa trajectoire professionnelle, même jusqu'à ce jour.

Dans la période qui a suivi immédiatement sa protestation, Sinead aurait pu choisir de s'excuser, de reculer ou simplement de disparaître des regards du public. Au lieu de cela, elle a choisi de rester debout dans la tempête, inflexible et sans excuses. Elle a continué à créer de la musique, exprimant sa vérité à travers les accords et les paroles, chaque note résonnant avec l'authenticité de sa conviction.

C'était une décision qui, à bien des égards, l'a définie en tant qu'artiste. La musique de Sinead est devenue emblématique de son esprit, une encapsulation de sa croyance en la justice, en la vérité et en la puissance de la voix. Chaque album, chaque chanson, est devenu une extension de son plaidoyer, un témoignage de son engagement inébranlable envers sa cause.

Pourtant, l'adversité à laquelle elle a fait face n'était pas sans coût. Elle a eu un impact sur elle à la fois personnellement et professionnellement, mettant à l'épreuve sa force mentale et émotionnelle, testant la résilience de sa carrière. Pourtant, Sinead, toujours la combattante infatigable, a persévéré. Elle a bravé les tempêtes et est ressortie de chacune, peut-être un peu fatiguée, mais néanmoins déterminée.

Sa ténacité, sa résilience, ont laissé une empreinte indélébile non seulement sur ses fans, mais aussi sur l'industrie musicale dans son ensemble. Les artistes, en particulier ceux des générations plus jeunes, citent souvent Sinead comme une source d'inspiration, un témoignage du pouvoir de l'authenticité et du courage face à l'adversité.

Aujourd'hui, Sinead O'Connor continue de vivre son héritage. Elle continue de créer de la musique qui exprime sa vérité, de défendre ce en quoi elle croit et d'utiliser sa plateforme pour provoquer le changement. Chaque pas qu'elle fait, chaque note qu'elle chante, continue d'ajouter à l'héritage d'une femme qui a osé prendre position, une femme qui reste une combattante infatigable.

Dans la grande fresque de la vie et de la carrière de Sinead O'Connor, sa protestation et ses conséquences se distinguent comme des moments déterminants. Ils ont révélé le caractère résolu de sa personnalité, la profondeur de ses convictions et la force de son esprit. Ces fils, tissés à travers le tissu de sa vie, continuent de la définir, façonnant non seulement son héritage, mais aussi son avenir.

Ainsi, lorsque nous regardons le parcours de Sinead, nous sommes laissés avec le portrait d'une résilience, d'une femme qui a transformé l'adversité en plaidoyer, la critique en création. Sinead O'Connor, dans sa détermination inébranlable et son esprit inépuisable, reste un phare de courage, un témoignage du pouvoir de dire sa vérité, et surtout, une combattante infatigable. Cela, peut-être plus que tout autre chose, est l'héritage durable de Sinead O'Connor.

" La Retraite "

Au milieu des années 1990, à une époque où la célébrité de Sinead O'Connor était à son apogée, la chanteuse irlandaise ardente prit une décision inattendue. Elle décida de se retirer des feux de la rampe, un choix qui envoya des ondes de choc à travers l'industrie musicale. Pourquoi une chanteuse, connue pour ses paroles évocatrices et sa voix puissante, au sommet de son succès, choisirait-elle de s'éloigner ? Ce chapitre commence par explorer cette question et les circonstances entourant le choix de Sinead.

Les jours étaient lumineux, mais sous l'éclat de la célébrité, le monde de Sinead était rempli de défis. Le tribut des années de scrutins publics intenses suite à sa protestation à SNL, combiné à un calendrier de tournées implacable, l'avait laissée émotionnellement et physiquement épuisée. La renommée, semblait-il, avait un prix élevé. Pourtant, sa décision de se retirer n'était pas une capitulation, mais un acte conscient d'auto-préservation, une décision née de l'introspection et du désir de sérénité au milieu de la tempête.

En réfléchissant à son parcours, on réalise que son chemin n'avait jamais été conventionnel. De ses cheveux tondus qui balayaient les attentes conventionnelles des chanteuses pop, à sa critique sans vergogne de l'Église catholique, Sinead avait toujours été une pionnière. Ce pas audacieux loin de la célébrité était simplement un autre exemple de son dévouement constant à ses principes et à son bien-être.

Son retrait de la musique n'était pas une rupture abrupte des liens. C'était plutôt un désentrelacement progressif du réseau des attentes publiques et de la pression de la performance. Il y avait des moments de solitude entrecoupés des dernières tournées et représentations, de brèves périodes de retrait qui laissaient entrevoir sa direction future. Sinead cherchait un équilibre entre l'âme de l'artiste et les exigences d'une industrie qui consommait souvent ceux qui y vivaient.

La réaction des fans et de l'industrie a été un mélange de surprise, de confusion et, dans certains cas, de déception. Pourtant, au milieu de cette cacophonie de voix, Sinead est restée fidèle à sa décision. Elle n'abandonnait pas sa musique, simplement le monde qui l'entourait, un monde qu'elle ressentait comme l'étouffant en termes de créativité, d'authenticité et de paix intérieure.

Alors que nous nous plongeons dans ce chapitre de sa vie, il est crucial de se rappeler que Sinead n'était pas seulement une artiste, mais aussi une personne cherchant la tranquillité dans un monde chaotique. Sa retraite n'était pas une fin, mais un nouveau départ, une pause nécessaire pour guérir, grandir et finalement revenir, plus forte et plus centrée que jamais.

À la Recherche de la Paix Intérieure

La quête de la paix intérieure est un voyage profondément personnel, et pour Sinead, cela n'était pas différent. En s'éloignant de sa carrière réussie, elle entreprit une recherche de la tranquillité, quelque chose qu'elle sentait s'échapper progressivement au milieu du tourbillon de sa vie professionnelle.

Dans le calme de la retraite de ses propres pensées, Sinead chercha la paix qui lui avait échappé dans la cacophonie des arènes de concert et le tourbillon de la controverse médiatique. Voici une femme dont la passion pour son art était indéniable, mais qui se sentait en quête d'un répit loin des feux de la rampe. Ce contraste frappant entre son amour pour la musique et les défis de la célébrité servait de toile de fond à sa quête de paix.

Vivre sous les projecteurs signifiait souvent faire face à leur éclat cru. Chaque action scrutée, chaque mot disséqué, elle avait passé des années sous une loupe, exposée à un monde souvent impitoyable. L'impact de cela, l'effet de cette exposition continue sur sa santé mentale, était quelque chose avec lequel elle luttait en privé.

Sa retraite était une quête de solitude et de silence, un endroit où ses pensées pouvaient résonner librement sans jugement. Loin des projecteurs, elle trouva un nouveau sens de la liberté, un espace pour l'introspection, une occasion de réfléchir à sa vie, à ses décisions et à sa voie à suivre.

La maison de Sinead devint son havre, un endroit éloigné du bruit et de l'éclat. Elle passait ses journées dans une contemplation paisible, s'adonnant à des tâches simples qui l'aidaient à se recentrer. Le monde extérieur continuait d'avancer, mais au sein de son sanctuaire, le temps semblait ralentir, lui offrant l'espace nécessaire pour respirer, réfléchir et guérir.

Les fans qui l'adoraient étaient à des mondes de là, ses performances n'étaient que des échos dans d'immenses salles de concert. Au lieu de l'excitation des concerts en direct, elle embrassait le rythme de son battement de cœur, la cadence de sa respiration, la mélodie simple de la vie elle-même.

Sa retraite ne consistait pas seulement à s'éloigner des projecteurs. Il s'agissait de découvrir son identité en dehors de la chanteuse, de la compositrice et de l'activiste. Qui était Sinead O'Connor lorsque les lumières de la scène s'atténuaient et que les applaudissements de la foule s'estompaient ? Elle était en train de le découvrir, et ce faisant, elle cherchait à guérir les fissures que la renommée avait creusées dans son sens de soi.

En embrassant la solitude, Sinead cherchait une forme d'acceptation de soi et de paix. Dans son existence calme et sans entraves, elle espérait trouver l'harmonie en elle-même, cette note parfaite qui résonnerait avec son âme et l'aiderait à naviguer dans la symphonie tumultueuse de la vie. Ce voyage ne consistait pas à fuir son passé, mais à le comprendre, pas à abandonner sa musique, mais à la redécouvrir dans un nouveau contexte, le contexte de la paix intérieure.

Lutte contre les Problèmes de Santé Mentale

Le chemin de Sinead O'Connor vers la tranquillité ne s'est pas déroulé sans ses propres tempêtes. L'une des tempêtes les plus tumultueuses qu'elle a traversées a été sa bataille personnelle contre les problèmes de santé mentale, principalement le trouble bipolaire, une condition qu'elle révélerait publiquement des années plus tard.

Les récits autour de la santé mentale, surtout dans les années 90, étaient empreints de stigmatisation et de mécompréhension. Être une personnalité publique en prise avec un problème aussi personnel ajoutait une autre couche de complexité à son parcours. En tant que personne sous les feux des projecteurs, les luttes de Sinead étaient souvent amplifiées et largement spéculées, ce qui ne faisait qu'intensifier les défis auxquels elle était confrontée.

Le trouble bipolaire, caractérisé par des changements dramatiques d'humeur, d'énergie et de niveaux d'activité, peut perturber profondément la vie d'un individu. Pour

Sinead, cela signifiait naviguer dans un manège émotionnel, passant de périodes d'exaltation et d'hyperactivité à des épisodes de profonde dépression et de léthargie.

Son travail en tant qu'artiste, bien que profondément cathartique et significatif, n'était pas à l'abri de ces oscillations. Il y avait des jours où l'écriture de chansons venait naturellement, les paroles coulant comme un fleuve débordant de ses rives. D'autres jours, le puits de créativité s'asséchait, la musique s'estompant en un murmure sur fond de tumulte interne.

L'impact de ce trouble ne se limitait pas à sa vie professionnelle. Les relations personnelles de Sinead et son sentiment de soi étaient également affectés. L'imprévisibilité inhérente à ses états d'humeur conduisait à un sentiment d'instabilité qui imprégnait divers aspects de sa vie. Mais malgré ces défis, Sinead continuait d'être un symbole de résilience, sa musique servant souvent de moyen d'expression pour ses émotions et ses expériences.

Elle a eu recours à la thérapie et aux médicaments, des éléments essentiels pour gérer son état de santé mentale. Bien que le chemin ait souvent été semé d'embûches, Sinead est restée déterminée à trouver un plan de traitement qui l'aiderait à retrouver un semblant de contrôle sur sa vie.

L'ouverture de Sinead au sujet de ses luttes en matière de santé mentale a joué un rôle significatif dans la remise en question de la stigmatisation entourant les problèmes de santé mentale. À travers ses discussions franches et honnêtes sur ses expériences, elle a donné une voix à une lutte souvent réduite au silence par les normes sociétales. Elle a affronté son diagnostic avec courage et détermination. Bien que le chemin ait été difficile, Sinead n'a pas hésité à partager son parcours. Au lieu de cela, elle a utilisé sa plateforme pour plaider en faveur de la sensibilisation à la santé mentale, attirant l'attention sur une question cruciale qui touche des millions de personnes dans le monde entier.

Sa lutte était un témoignage de sa ténacité. Pour Sinead, chaque jour était une bataille, chaque moment une opportunité à la fois de lutte et de triomphe. Et malgré tout, elle a continué à créer, à chanter et à dire sa vérité - même face à l'adversité.

"L'Effet de la Célébrité"
L'Impact de l'Examen Public

Une vie sous le microscope peut avoir des effets profonds sur n'importe qui, mais lorsque cet examen est combiné avec les pressions déjà immenses de la célébrité, cela peut créer une tempête redoutable. Pour Sinead O'Connor, l'examen public incessant était une réalité brutale avec laquelle elle luttait au quotidien.

En tant que musicienne mondialement reconnue, le talent et l'art de Sinead servaient souvent de phare qui attirait l'attention du public. Pourtant, comme c'est souvent le cas avec la célébrité, cette même lumière projetait aussi de longues ombres. Chaque action, chaque mot, chaque expression était analysé et interprété, souvent de manière totalement éloignée de leur contexte d'origine. Cette pression se faisait sentir sur scène, dans les interviews, et même pendant les moments apparemment banals de sa vie quotidienne.

Les luttes de Sinead avec sa santé mentale, en particulier, étaient un point central de cet examen. Son diagnostic de trouble bipolaire, un aspect profondément personnel de sa vie, a été propulsé dans le domaine public. Les récits entourant sa santé mentale étaient souvent spéculatifs et sensationnels, ajoutant des couches de stress et d'inconfort à un parcours personnel déjà complexe.

Le projecteur intense et incessant pouvait parfois brouiller les frontières entre la personne et l'artiste. Ce sentiment d'être "exposée" peut être profondément isolant, un sentiment que Sinead a souvent exprimé dans ses interviews. La curiosité insatiable du public et la demande constante des médias pour des histoires constituaient une force implacable qui ne permettait que rarement le répit.

De plus, la dichotomie entre la perception du public d'elle et sa propre autoperception était une autre source de tension. La personnalité que beaucoup associaient à Sinead O'Connor - la figure franche et controversée - n'était qu'une facette d'une personne multidimensionnelle. Sous l'apparence forte se cachait une femme en prise avec ses luttes personnelles, aspirant à la paix et recherchant l'acceptation.

Les pressions de la célébrité peuvent créer un ensemble unique de stress qui peut exacerber les défis de la santé mentale. Et pour Sinead, l'appétit du public pour sa vie personnelle, l'exigence de son image publique et l'isolement inhérent qui accompagne souvent la célébrité avaient indéniablement un impact. Pourtant, elle ne permettait jamais que cela la fasse taire. Au lieu de cela, elle utilisait sa plateforme pour attirer l'attention sur le côté humain de la célébrité et l'importance cruciale de la santé mentale. À travers tout cela, Sinead O'Connor continuait de nous rappeler sa vérité : que sous les projecteurs, elle était avant tout une être humain, parcourant son parcours unique avec résilience et courage.

"Le Soutien et le Traitement"
Le Parcours de Sinead vers le Bien-Être

La lutte contre les maladies mentales est souvent une bataille difficile, qui demande une quantité considérable de courage, de résilience et de soutien. Pour Sinead O'Connor, cette lutte faisait partie de sa réalité alors qu'elle naviguait à travers ses épreuves liées au trouble bipolaire. Cependant, au milieu de la tourmente et de la douleur, il y avait aussi la quête de la guérison, un chemin qui l'a conduite à rechercher une aide professionnelle et un traitement.

La décision de Sinead de chercher ouvertement de l'aide a été un pas franchi avec sincérité et force. Au milieu des rumeurs tourbillonnantes et des gros titres sensationnels, elle est restée inébranlable, choisissant de prioriser son bien-être avant tout. Ce parcours n'était pas sans épreuves, alors qu'elle luttait contre les stigmates associés au traitement de la santé mentale et la peur de l'inconnu qui accompagne une telle démarche.

L'un des soutiens les plus importants dans la vie de Sinead a été sa thérapie. Elle lui a servi de bouée de sauvetage, lui offrant un espace sûr pour démêler ses pensées et ses sentiments sous la guidance de professionnels qui comprenaient ses luttes. Le parcours de guérison n'était ni linéaire ni rapide, la thérapie agissant comme un processus continu qui lui demandait souvent de confronter et de travailler à travers des problèmes profondément ancrés et des traumatismes.

Le traitement médical a également joué un rôle crucial dans la gestion de son trouble bipolaire. Sinead a été transparente sur son expérience avec les médicaments, un sujet souvent entouré de méconceptions et de jugements. Ce fut un processus d'essais et d'erreurs, ajustant les dosages et les types de médicaments, faisant face aux effets secondaires et surveillant leurs effets sur son état mental. Ce processus était rigoureux et exigeant, mais il faisait partie intégrante de son parcours de santé.

En dehors des séances de thérapie et des consultations médicales, Sinead trouvait du réconfort et du soutien dans sa famille et ses amis proches. Ils étaient ses piliers inébranlables, lui offrant de l'amour, de la compréhension et une oreille attentive quand elle en avait le plus besoin. Ses enfants, en particulier, étaient une source importante de force, servant de rappel constant de la beauté et de la joie de la vie au milieu des épreuves.

Tout aussi important était le soutien qu'elle trouvait auprès de ses fans. Leurs lettres d'encouragement, de compréhension et d'expériences partagées donnaient à Sinead un sentiment de solidarité. Cela lui rappelait qu'elle n'était pas seule dans son parcours, un réconfort qui lui procurait une source inépuisable de force lors de ses moments les plus sombres.

Le parcours de Sinead à la recherche d'aide et de traitement pour ses luttes en matière de santé mentale était un témoignage de sa bravoure et de sa résilience. C'était un chemin jalonné d'obstacles et de difficultés, mais aussi de croissance, de guérison et de force inépuisable. À travers tout cela, Sinead O'Connor a continué d'inspirer, démontrant que même au milieu des épreuves les plus redoutables, il est possible de rechercher de l'aide, de lutter et de trouver un chemin vers le bien-être.

Alors que le soleil se couchait sur la pause volontaire de Sinead O'Connor dans sa carrière musicale, sa vie prenait un tournant considérable loin du regard implacable du public. Les flashes des caméras omniprésentes et les questions insistantes des journalistes étaient remplacés par la tranquillité de la vie privée. Sinead entamait ainsi un nouveau chapitre de sa vie, marqué par l'introspection, la guérison et une concentration sincère sur son bien-être personnel.

Imaginez la retraite de Sinead non pas comme une fuite du monde, mais plutôt comme un pèlerinage vers la découverte de soi et la paix intérieure. Libérée des obligations de la vie publique, elle pouvait plonger dans son individualité avec une honnêteté inflexible et une sérénité retrouvée. Elle embrassa la solitude non pas comme un état de solitude, mais comme un espace pour la croissance personnelle et la réflexion intérieure.

Cette période fut également un moment où Sinead put donner la priorité à sa santé physique. Elle se lança dans de longues promenades, le rythme cadencé de ses pas reflétant les flux et reflux de ses pensées. Le bruissement des feuilles, les chants des oiseaux et le murmure du vent servirent de bande-son apaisante à ces flâneries solitaires. Ici, dans l'étreinte de la nature, Sinead trouva un profond sentiment de paix qui nourrissait son âme et revigorait son esprit.

Pourtant, sa retraite ne se limitait pas à la solitude. C'est durant cette période qu'elle noua des liens plus profonds avec sa famille, renforçant des relations qui avaient souvent été tendues en raison des exigences de sa carrière. Ses enfants, qui grandissaient vite, étaient désormais au centre de son monde. Le temps passé à cuisiner des repas, à lire des histoires avant le coucher et à choyer ses enfants lui procurait une forme de joie à la fois humble et profonde.

La spiritualité de Sinead prit également une place centrale pendant sa retraite. Dans le calme, elle se sentait attirée plus profondément dans sa foi. La prière et la méditation devinrent les piliers de sa routine quotidienne, lui procurant un sentiment d'ancrage et de connexion à une réalité plus vaste que la sienne.

En complément de ses séances de thérapie, Sinead se plongea dans la lecture de divers livres d'auto-assistance et participa à des retraites axées sur le bien-être. Ces démarches lui offrirent de nouvelles perspectives sur son parcours en matière de santé mentale, l'équipant de nouvelles stratégies d'adaptation et renforçant sa résilience émotionnelle.

Tous ces éléments se sont unis pour former une partie intégrante du processus de guérison de Sinead. Cependant, ils ont également jeté les bases d'une perspective renouvelée sur la vie et son identité. Loin des regards publics, elle n'était pas "Sinead O'Connor, la célèbre chanteuse", mais simplement Sinead, une femme en quête de découverte de soi, de guérison et de paix. C'est dans ce coin tranquille de sa vie qu'elle trouva la force de guérir et, éventuellement, quand le moment fut venu, de revenir dans la lumière.

"Affronter ses Démons"
Le Parcours Émotionnel et la Guérison de Sinead

Au sein du sanctuaire de la retraite de Sinead loin de la vie publique, elle entreprit une bataille d'une autre nature. Armée de résilience, de détermination et des conseils de ses thérapeutes, elle se lança dans le voyage difficile de confronter les luttes émotionnelles et les traumatismes qui avaient projeté de longues ombres sur sa vie.

Imaginez Sinead, désormais éloignée des feux de la rampe publics, consacrant du temps à se comprendre émotionnellement. Chaque jour, elle plongeait plus profondément dans son subconscient, faisant remonter à la surface les douleurs non exprimées de son passé. C'était un processus lent et itératif, souvent comparé à l'épluchage d'un oignon - chaque couche en révélait une autre, et les larmes étaient une compagne fréquente. Pourtant, avec chaque larme non versée, Sinead libérait une partie de son fardeau émotionnel.

Pendant ses séances de thérapie, des souvenirs émergaient souvent qu'elle avait enfouis. Ses expériences d'abus dans l'enfance, les années tumultueuses de sa célébrité précoce, les pressions de l'industrie musicale et le rejet public de sa protestation - tous ces spectres de son passé ressurgirent. Cependant, au lieu de les repousser, Sinead choisit courageusement de les affronter de front.

Imaginez-la assise dans le cabinet d'un thérapeute, son regard concentré, sa posture résolue, plongeant dans les discussions qui explorent ses peurs les plus profondes, les racines de sa dépression et sa lutte contre le trouble bipolaire. C'était une tâche imposante et difficile. Il y avait des jours de découvertes, et il y avait des jours de revers. Pourtant, tout au long du processus, Sinead resta fidèle à son parcours, ne fuyant jamais l'inconfort ou la turbulence émotionnelle qu'il suscitait souvent en elle.

Chez elle, elle poursuivit son travail émotionnel, notant ses sentiments dans un journal, ou parfois, les exprimant sous forme de chansons, ses notes résonnant d'émotion brute et de vulnérabilité. C'était pendant ces moments qu'on pouvait entrevoir la profondeur du courage de Sinead, sa capacité à affronter sa douleur et à la transformer en moyen de guérison et de croissance.

De plus, elle commença à pratiquer la pleine conscience, devenant plus à l'écoute de ses émotions et de ses pensées. Elle apprit à observer son état mental sans jugement, cultivant ainsi un sentiment plus profond de compassion envers elle-même. À mesure qu'elle progressait dans la prise de conscience de soi, elle se découvrit en train de développer une nouvelle relation avec son passé, une relation non définie par ses traumatismes, mais par sa résilience et les leçons apprises.

À cette étape de la vie de Sinead, elle ne survit pas simplement ; elle guérit, grandit et se transforme. En affrontant ses démons, elle leur enlevait progressivement leur emprise sur elle, reprenant sa vie, une séance thérapeutique à la fois. Par sa bravoure inébranlable, Sinead exemplifia que même dans nos moments les plus sombres, il existe toujours un chemin vers la lumière.

"Le Réveil Créatif"
La Résurgence Artistique de Sinead

Pendant sa période d'introspection et de réflexion personnelle, un phénomène unique commença à se produire pour Sinead. Alors qu'elle continuait à dévoiler les couches de son moi émotionnel, un réveil créatif commença à se déployer en elle. Son riche paysage émotionnel, autrefois source de tumulte, commença à servir de terrain fertile pour de nouvelles expressions musicales. Sinead n'était pas seulement en chemin vers une guérison personnelle ; elle redécouvrait le pouvoir de guérison de son art.

Imaginez-la isolée chez elle, un espace sacré empli d'un silence tranquille. Le doux murmure de la nature venant de l'extérieur, le bruissement des arbres, le rythme de la pluie, les gazouillements des oiseaux - tout cela commença à se fondre en une symphonie, appelant Sinead à retrouver son amour pour la musique. Initialement, ces remous étaient faibles, tels les premiers rayons de l'aube après une longue nuit sombre. Mais à mesure que les jours passaient en semaines et mois, l'appel devenait plus fort et insistant.

Sinead se sentit attirée par son piano, ses doigts effleurant les touches avant de les presser doucement, faisant surgir des mélodies qui faisaient écho aux murmures silencieux de son cœur. Ce n'étaient pas les chansons structurées pour lesquelles elle était connue. Au contraire, elles étaient brutes et indomptées, tout comme son voyage émotionnel lui-même. Sa salle de musique, autrefois emplie de silence, résonnait désormais des notes poignantes de sa passion retrouvée.

Ses carnets, autrefois remplis des révélations de ses séances de thérapie, commencèrent à voir l'écoulement des paroles. Des versets qui parlaient de ses épreuves, de son parcours à travers le labyrinthe de son esprit, de ses luttes et de ses victoires. Les mots, francs et sincères, étaient un témoignage de sa résilience, de son parcours et de sa croissance.

Ces étincelles créatives ne se limitaient pas à sa musique. Sinead commença à s'exprimer à travers d'autres formes d'art. Le dessin, la peinture et l'écriture de poésie devinrent de nouveaux moyens pour elle d'exprimer son monde intérieur, alimentant davantage sa renaissance créative.

Imaginez la joie et le sentiment d'accomplissement qu'elle a dû ressentir pendant cette période. Chaque note qu'elle jouait, chaque ligne qu'elle écrivait, était une célébration de son voyage de guérison. À travers son art, Sinead trouvait un moyen d'articuler son évolution personnelle, capturant l'essence de sa transformation dans le langage de la créativité.

Cependant, cette explosion de créativité fit plus que simplement revitaliser l'amour de Sinead pour la musique ; elle la poussa doucement vers l'idée de revenir à sa carrière musicale. Elle commença à envisager de partager ses nouvelles créations avec le monde, envisageant un retour sur scène qui avait autrefois servi de plateforme pour son expression personnelle.

Cependant, ce n'était pas une décision qu'elle prenait à la légère. Elle y réfléchit longuement, pesant sa nouvelle paix intérieure par rapport au possible retour des pressions de la célébrité. Après une profonde introspection, elle décida enfin qu'elle avait quelque chose de précieux à partager, un message né de sa guérison et de sa croissance personnelle. Un message qu'elle pouvait transmettre à travers sa musique. Il était temps pour Sinead O'Connor de sortir de sa chrysalide, de revenir dans le monde de la musique.

"Le Retour"
Le Retour de Sinead à la Musique

Dans un récit aussi captivant que l'artiste elle-même, le retour de Sinead à la musique marqua une étape significative dans son parcours de vie. Son absence avait été palpable dans le monde de la musique, un silence qui était à la fois respecté et regretté par ceux qui avaient apprécié la profondeur de son art. Pourtant, même alors que l'industrie musicale continuait d'évoluer et de changer en son absence, il restait une place pour Sinead, une place qui ne pouvait être comblée que par sa voix et sa perspective singulières.

La décision de Sinead de revenir à la musique ne naquit pas de la nécessité, mais d'un lieu de force et de compréhension renouvelées. Imaginez-la debout au bord de cette décision, regardant le monde dont elle s'était éloignée. Pourtant, la vue était différente cette fois. Elle ne regardait pas un monde qui exigeait la conformité, mais plutôt, elle voyait un espace où elle pouvait partager son parcours, ses apprentissages, sa nouvelle essence. Elle entrevoyait l'opportunité de canaliser sa croissance dans sa musique, créant un lien plus fort et plus profond avec son public.

Le studio, autrefois un lieu de pression et d'attentes, se transforma en un sanctuaire où Sinead pouvait s'exprimer librement. Chaque note qu'elle chantait, chaque mot qu'elle écrivait, reflétait son voyage transformateur. Ses chansons étaient une confluence de son passé, de son présent et d'un avenir empli d'espoir et de détermination. Les sessions d'enregistrement n'étaient plus une corvée ; elles devenaient des expériences cathartiques, chacune un pas vers l'artiste qu'elle était devenue.

À mesure que le jour de son retour approchait, Sinead était à la fois excitée et appréhensive. C'était comme si elle faisait ses débuts à nouveau, revenant sous les feux de la rampe après des années d'absence. Les questions étaient nombreuses : Sa musique serait-elle acceptée ? Le public avait-il passé à autre chose ? Y avait-il toujours une place pour elle dans l'industrie ?

Cependant, la réponse fut écrasante. À mesure que la nouvelle du retour de Sinead se répandait, les fans anciens et nouveaux attendaient avec impatience son retour. L'industrie aussi l'accueillit à bras ouverts, célébrant le retour d'un talent aussi unique qu'impactant. Sa première performance après sa retraite fut un événement à guichets fermés, témoignant de son attrait durable.

Imaginez le moment où Sinead monta sur scène, la foule éclatant en applaudissements. Elle se tenait là, une figure familière, mais tellement différente. Plus forte. Plus sage. Plus elle-même que jamais. Quand elle commença à chanter, sa voix emplit la salle, chaque note, chaque mot, résonnant avec son parcours. Le public écoutait, captivé, ému non seulement par sa musique, mais aussi par l'émotion brute et l'authenticité qu'elle apportait à chaque chanson.

À la fin de sa performance, la foule se leva, les applaudissements assourdissants. C'était plus qu'une simple reconnaissance d'une performance réussie ; c'était une célébration du parcours de Sinead, de sa force, de sa résilience. Son retour n'était pas simplement un retour ; c'était un triomphe.

Alors que nous clôturons ce chapitre sur le retour triomphal de Sinead à la musique, il est essentiel d'apprécier le parcours qui l'a amenée ici, un parcours marqué par l'introspection, le courage et un esprit indomptable qui a constamment défié les probabilités. L'histoire de Sinead n'est pas seulement celle d'une artiste talentueuse montant, déclinant et renaissant. C'est un témoignage de sa résilience remarquable et de son engagement inébranlable à rester fidèle à elle-même, même face à des défis accablants.

Il y a une poésie indéniable dans le récit de la vie de Sinead. Ses luttes contre les problèmes de santé mentale, loin de la briser, l'ont plutôt façonnée en une personne plus forte, plus consciente d'elle-même. Imaginez la Sinead d'aujourd'hui - elle n'est pas seulement une musicienne mais un symbole de résilience, un phare d'espoir pour ceux qui luttent avec leurs démons intérieurs, tout comme elle l'a fait.

Ses expériences se sont infiltrées dans sa musique, ajoutant une profondeur et une richesse que seules les épreuves les plus difficiles de la vie peuvent apporter. Chaque mélodie, chaque parole, résonne avec ses combats et ses victoires, sa douleur et son triomphe. Sa voix, toujours puissante, porte désormais un poids supplémentaire - le poids de l'expérience vécue, des batailles menées et gagnées, d'une vie vécue avec courage et authenticité.

Mais le parcours de Sinead va au-delà de sa musique. Ses luttes en matière de santé mentale, son combat, sa victoire - tout cela l'a propulsée à devenir une défenseure engagée pour la santé mentale. Il ne suffit pas pour elle d'avoir survécu ; Sinead veut s'assurer que les autres le peuvent aussi. Elle utilise sa plateforme pour sensibiliser, combattre la stigmatisation et plaider en faveur de meilleures ressources en matière de santé mentale.

Imaginez-la debout devant un public, non seulement en tant qu'artiste, mais en tant qu'oratrice. Ses mots, aussi bruts et puissants que sa musique, parlent de son parcours. Ils offrent du réconfort et de la solidarité à ceux qui luttent, leur assurant qu'ils ne sont pas seuls. Ils appellent à une meilleure compréhension et un meilleur soutien pour les problèmes de santé mentale, la faisant non seulement une artiste, mais un catalyseur du changement.

À bien des égards, Sinead O'Connor reste la femme intrépide qui a autrefois déchiré une photo en direct à la télévision, défiant le statu quo. Aujourd'hui, elle continue de défier - non pas les institutions, mais les perceptions, les préjugés et l'ignorance entourant la santé mentale. À travers sa vie et son art, elle est devenue une voix pour ceux qui sont souvent laissés sans voix dans le vacarme de la vie quotidienne.

Alors que nous nous éloignons de ce chapitre, l'image qui reste n'est pas seulement celle de Sinead, la musicienne, mais de Sinead, la survivante. La défenseure. Le phare. Son histoire sert de rappel poignant que la résilience peut être trouvée dans les circonstances les plus difficiles, et que l'authenticité, dans la vie et l'art, vaut la peine de se battre pour.

L'introduction de ce chapitre commence avec une douce cadence rythmique, reflétant le pouls harmonique de la musique reggae, alors que nous plongeons dans la découverte initiale de la foi rastafarienne par Sinead O'Connor. Le vert, l'or et le rouge du drapeau rastafarien flottent métaphoriquement au-dessus, tandis que nous explorons ce changement significatif dans la vie spirituelle de la chanteuse.

Le contexte de la rencontre de Sinead avec le rastafarisme est aussi surprenant que serein. C'est lors d'un séjour personnel en Jamaïque, cette île caribéenne vibrante, connue pour ses rythmes reggae et ses vibrations irie, que la chanteuse a ressenti pour la première fois les tentacules de la foi rastafarienne chatouiller sa curiosité. L'île, palpitante de vie et de musique, est le berceau de la foi rastafarienne, un contexte qui a enrichi l'exploration de Sinead d'une certaine authenticité et immédiateté.

Nous pouvons imaginer Sinead là-bas, entourée par le doux bourdonnement des airs reggae, les mélodies pleines d'âme emplissant l'air autour d'elle comme des harmonies tangibles. Parmi les palmiers et les eaux iridescentes des Caraïbes, elle s'est retrouvée captivée par le style de vie spirituel et décontracté qui était tissé dans la vie quotidienne de l'île. Alors que le rythme enivrant de la musique la submergeait, l'âme de la chanteuse a commencé à résonner avec une nouvelle fréquence spirituelle.

Bien sûr, Sinead n'était pas simplement une observatrice passive dans ce processus. Connu pour son esprit curieux et en quête, elle a engagé des conversations avec des aînés et des pratiquants rastafariens, absorbant les enseignements de la foi avec une soif intellectuelle aiguisée. Leurs récits sur Haïlé Sélassié, l'ancien empereur d'Éthiopie vénéré, leur croyance en la divinité fondamentale de tous les êtres et leur résistance pacifique mais puissante contre l'inégalité et l'injustice ont résonné en elle.

Le sentiment de communauté, d'amour et de vitalité spirituelle que Sinead a observé parmi les rastafariens a semblé être un baume pour son âme. C'était une extension de l'amour universel et de l'unité dont elle chantait depuis toutes ces années, mais avec une résonance plus profonde et riche.

Ainsi, au cœur vibrant des Caraïbes, au rythme des rythmes reggae et sous le regard âme de la communauté rastafarienne, Sinead O'Connor a ressenti les premières agitations d'une transformation spirituelle, qui façonnerait davantage sa vie, sa musique et son identité même. Et ainsi a commencé son voyage dans les bras accueillants du rastafarisme, un voyage qui s'est avéré aussi éclairant que transformateur.

Mais ce n'était que le début. En approfondissant le voyage spirituel de Sinead, nous découvrirons que ses explorations de la foi ne se sont pas arrêtées là, et chaque étape du chemin a apporté sa propre influence sur elle en tant qu'artiste, en tant que femme et en tant qu'être humain en quête d'épanouissement spirituel.

Poursuivant dans la chaleur du voyage jamaïcain de Sinead, plongeons dans les croyances qui forment les fondements de la foi rastafarienne. En comprenant l'éthique qui guide les Rastafariens, nous pouvons apprécier pourquoi ses enseignements ont résonné si profondément chez notre chanteuse rebelle.

Le rastafarisme n'est pas seulement une religion ; c'est un mode de vie, un mouvement socio-politique, une philosophie - une approche holistique de la vie qui nourrit à la fois l'esprit et l'âme. Né des difficultés des communautés noires marginalisées en Jamaïque, le rastafarisme est enraciné dans la résistance contre l'oppression, une position contre l'inégalité qui fait écho aux combats de Sinead pour la justice. La croyance rasta en l'essence divine en chaque être humain aurait touché une corde sensible chez Sinead, qui a toujours cherché à souligner la valeur inhérente de chaque individu dans sa musique et son militantisme.

Un aspect central du rastafarisme est la vénération de Haïlé Sélassié, l'empereur éthiopien considéré par les Rastafariens comme le Messie revenu. Cet accent sur l'héritage africain et l'unité de la diaspora africaine vise à affirmer l'identité et la dignité des peuples souvent marginalisés par la société mainstream. En tant que personne qui s'est souvent sentie 'mise à l'écart', ce message de dignité et d'appartenance aurait fait écho chez Sinead.

Le rastafarisme cultive également une profonde connexion avec la nature, perçue comme une expression du divin. Cette relation intime avec le monde naturel se reflète souvent dans leur régime alimentaire, le régime Ital, qui met l'accent sur des aliments naturels, souvent végétariens. Sinead, une âme empathique qui accorde une grande valeur à toutes les formes de vie, aurait trouvé cette révérence pour la nature et la vie inspirante.

Pourtant, peut-être que la corde la plus touchante pour Sinead aurait été le concept rastafarien de 'I and I'. Cette idée exprime l'unité entre les êtres humains et le divin, brouillant les frontières entre le soi individuel et l'esprit universel. Dans 'I and I', Sinead aurait trouvé un reflet de son propre désir de connexion et d'unité, une symphonie divine chantant en harmonie avec ses convictions les plus profondes.

Ainsi, ici, sur les rivages ensoleillés de la Jamaïque, au milieu des rythmes du reggae, Sinead a trouvé une foi qui faisait écho à ses propres croyances intérieures, une foi qui chantait des chansons d'unité, de résistance et de l'étincelle divine au sein de chaque vie. Alors qu'elle s'immergeait dans la foi rastafarienne, ces valeurs se sont tissées dans la trame même de son être, influençant subtilement sa musique et approfondissant encore sa détermination à utiliser sa plateforme pour la justice.

Mais comme nous le verrons, le voyage spirituel de Sinead était aussi en évolution que son art. Le prochain chapitre de son exploration était encore à venir, et il la mènerait vers une foi différente, avec ses propres résonances uniques. Cependant, ce chapitre reste un témoignage vibrant de la recherche constante de Sinead de sens et d'unité dans un monde divisé.

Alors que nous avons passé un certain temps à explorer le cœur du rastafarisme, tournons maintenant notre attention vers le moment où Sinead a choisi d'embrasser pleinement cette voie, s'enveloppant de l'éthique riche et vibrante de la foi.

Les détails entourant la conversion de Sinead au rastafarisme sont voilés d'un mystère énigmatique, témoignant de la nature profondément personnelle de son voyage spirituel. Dans le rastafarisme, contrairement à de nombreuses religions organisées, il n'y a pas de rituel de conversion formel ou de cérémonie d'initiation à entreprendre. Au lieu de cela, l'adoption de la foi est souvent un parcours personnel et individuel, une transformation intérieure sincère qui se manifeste dans le mode de vie, la perspective et les actions quotidiennes.

Pourtant, la conversion de Sinead n'était pas une transition silencieuse et inaperçue. Sa personnalité publique porterait des signes de sa foi nouvellement adoptée, annonçant son engagement envers le mode de vie rastafarien. Notamment, elle a commencé à cultiver des dreadlocks, une pratique significative dans la culture rastafarienne. Représentant le Lion de Juda et souvent considérées comme une alliance envers Jah (Dieu), les dreadlocks étaient une expression extérieure de sa transformation intérieure.

Peut-être plus que les changements physiques, la musique de Sinead, toujours le reflet de son moi intérieur, a commencé à chanter avec les rythmes de sa nouvelle foi. Les thèmes de l'unité, de la résistance, de la connexion divine et du respect de la nature sont devenus encore plus palpables dans ses chansons, leurs mélodies dansant avec l'éthique du rastafarisme. Ses concerts sont devenus des plateformes non seulement pour la musique, mais aussi pour diffuser des messages d'amour, d'unité et d'élévation spirituelle.

Malgré l'absence d'une initiation formelle, la conversion de Sinead au rastafarisme était aussi profonde et significative que tout changement religieux. Ce n'était pas simplement un changement d'étiquette, mais une transformation de sa vision du monde, une étreinte sincère d'une foi qui chantait en harmonie avec la mélodie de son âme. C'était un retour spirituel à la maison qui laisserait une empreinte durable sur sa musique, son militantisme et en effet, sur son identité même.

Cependant, le voyage spirituel de Sinead était loin d'être terminé. Comme nous le découvrirons dans les pages à venir, une autre foi l'appellerait bientôt, la conduisant sur un nouveau chemin d'exploration et de découverte. Pour l'instant, célébrons cette étape de son voyage, en réfléchissant à l'interaction remarquable entre sa spiritualité et son art.

Lorsque l'on cherche à comprendre comment la foi rastafarienne a influencé la musique de Sinead, il faut reconnaître le lien indissoluble entre son cheminement spirituel et son expression artistique. Ce n'était pas seulement une influence ; c'était une fusion, un beau mariage entre les principes fondamentaux de sa foi et son style lyrique et musical unique.

Après avoir embrassé le rastafarisme, la musique de Sinead a connu une transformation indéniable. La cadence distincte et la vitalité spirituelle de la foi se sont infiltrées dans son travail, l'infusant d'une authenticité puissante que seule une conviction personnelle peut apporter.

On peut noter le changement thématique dans sa musique, reflet de l'éthique rastafarienne. Ses paroles ont commencé à résonner plus profondément avec des thèmes d'unité, de résistance contre l'injustice, de connexion divine, de respect de la nature et d'un profond désir de transcendance spirituelle. Des chansons qui se concentraient autrefois principalement sur la douleur personnelle et le défi ont commencé à faire écho aux préoccupations plus larges de la société et aux préoccupations spirituelles de la foi rastafarienne.

Prenez, par exemple, la chanson "Jah Nuh Dead". Dérivée du concept rastafarien de 'vie éternelle', la piste est une réitération ambiante d'un chant traditionnel rastafarien. Le départ marqué par rapport à son style précédent témoigne de sa volonté d'utiliser sa plateforme pour la propagation de sa foi nouvellement découverte. Sinead chante, "Jah Nuh Dead," ce qui se traduit par "Dieu n'est pas mort." C'est une affirmation de sa foi inébranlable, une déclaration puissante enveloppée dans la simplicité de sa voix.

D'une manière plus subtile, elle a intégré des éléments du reggae, un genre indissolublement lié à la foi rastafarienne, dans son travail. L'incorporation de rythmes reggae, de tons terreux et du cri passionné des opprimés a marqué un changement distinct dans son style musical. C'était comme si ses chansons prenaient le rythme de son cœur battant, influencé par le rastafarisme.

Dans l'ensemble, la musique de Sinead, pendant ses années rastafariennes, peut être considérée comme une manifestation mélodieuse de son évolution spirituelle. Ce n'était pas seulement sa foi, mais son propre être qui résonnait à travers chaque note et chaque mot, faisant écho aux expériences partagées de lutte, de désir et à la quête incessante d'unité et d'amour divin. Son voyage avec le rastafarisme, cependant, n'était qu'un chapitre de sa saga spirituelle complexe et en évolution.

Lorsque Sinead O'Connor a embrassé le rastafarisme, ce n'était pas seulement une exploration spirituelle, mais un voyage personnel qui a profondément influencé son identité, sa vision du monde et son mode de vie. Ce n'était pas une simple rencontre périphérique avec un nouveau système de croyances ; c'était l'aube d'une transformation radicale qui altérerait fondamentalement la vie de Sinead au-delà de sa musique.

Le rastafarisme est un mode de vie, une idéologie qui imprègne aussi bien le quotidien que le profond. Sinead, en tant que fervente adepte, a laissé sa vie être guidée par ses principes. Ces idéologies sont devenues le socle de son existence, influençant ses perspectives, ses décisions et, en effet, son identité même.

L'accent mis par le rastafarisme sur l'unité et la paix se reflétait dans ses relations interpersonnelles. Sinead s'engageait activement avec des personnes partageant ses inclinations spirituelles et philosophiques. Elle tissait des liens enracinés non seulement dans des intérêts mutuels, mais aussi dans des valeurs et des croyances partagées.

Ses opinions sur les questions terrestres étaient également inévitablement teintées par sa foi. Le mépris du rastafarisme pour l'oppression et l'injustice est devenu une partie de la conscience de Sinead. Elle n'hésitait pas à exprimer son opinion contre l'inégalité, la discrimination et toute forme de préjugé sociétal. La femme socialement consciente, connue pour sa position défiant sur de nombreuses questions, trouvait dans le rastafarisme une approbation spirituelle de son empathie intrinsèque et de son esprit en quête de justice.

Les enseignements rastafariens sur l'autosuffisance et la force personnelle résonnaient fortement en Sinead, renforçant son individualisme et son sentiment de soi. Sa foi rastafarienne est devenue une partie essentielle de son identité, une autre couche ajoutée à la personnalité complexe et multifacette qu'est Sinead O'Connor. Les enseignements de sa foi adoptée se sont fusionnés avec ses propres croyances pour créer une personne aussi consciente sur le plan spirituel qu'humainement profonde. Arborant sa foi non seulement dans son cœur, mais aussi sur elle-même, Sinead a été aperçue à plusieurs reprises portant les couleurs rastafariennes de rouge, vert et or, symbolisant respectivement le lien profond du rastafarisme avec l'Afrique, la paix et l'esprit divin. Cette manifestation extérieure de sa foi témoigne de la profondeur de son entrelacement avec sa vie personnelle. En effet, l'incursion de Sinead O'Connor dans le rastafarisme a été une période transformative qui a élargi ses horizons personnels et spirituels. Cela a favorisé sa croissance en tant qu'individu et l'a façonnée en la personne qu'elle deviendrait. Cependant, le voyage spirituel de Sinead O'Connor était loin d'être terminé ; il évoluait simplement, prêt à prendre de nouvelles formes et de nouveaux chemins.

Après le profond voyage de Sinead O'Connor dans le rastafarisme, une nouvelle curiosité spirituelle a commencé à se déployer en elle : la religion de l'islam. En tant qu'artiste et exploratrice spirituelle, Sinead n'était pas étrangère à suivre les résonances de son cœur, et c'est cette ouverture d'esprit et cette appétence spirituelle qui l'ont conduite à sa première rencontre avec l'islam.

De l'extérieur, il peut sembler étrange pour un croyant rastafarien de se tourner vers l'islam, mais dans le cosmos spirituel de Sinead, de telles frontières strictes n'existaient pas. Sa curiosité, alimentée par le désir de compréhension et de nourriture spirituelle, était la lumière guider sur son chemin de foi.

C'est à travers des amis et des connaissances qu'elle est entrée pour la première fois en contact avec l'islam. Conversation, débat, repas partagés et respect mutuel étaient les marques de ces premières interactions. Ceux qui la connaissaient personnellement étaient conscients de sa curiosité spirituelle et trouvaient son intérêt pour leur foi à la fois rafraîchissant et authentique. L'attraction initiale a sans aucun doute été suscitée par l'interaction franche avec les musulmans de son cercle social.

Mais c'était plus que de la simple curiosité ; c'était une soif de comprendre, de tendre la main et de combler les lacunes entre ce qu'elle connaissait et ce qu'elle ne connaissait pas. Sinead, dans son esprit d'exploration caractéristique, a commencé à lire sur l'islam, à plonger dans les versets du Coran et à apprendre la vie et les enseignements du Prophète Muhammad.

Elle ne s'est pas uniquement appuyée sur des textes savants ou religieux ; elle voulait comprendre les expériences vécues des musulmans. Ce désir l'a conduite à assister aux services de la mosquée locale et aux événements de la communauté islamique. Lors de ces rassemblements, elle n'était pas seulement une spectatrice, mais une participante active, s'engageant dans les rituels et avec les personnes avec l'ouverture d'esprit et le respect qui la caractérisent.

En tant qu'artiste, le langage de la musique a toujours été une partie cruciale de la vie de Sinead, et c'était l'appel à la prière islamique ou "Adhan" qui l'a profondément touchée. Elle parlait de sa beauté et de la manière dont elle éveillait son âme, ce que beaucoup estiment être un facteur déterminant de son cheminement spirituel vers l'islam.

Son engagement envers l'islam n'était pas une simple flirtation. C'était une exploration sincère et profonde, marquée par le respect et un désir authentique de comprendre. Des interactions avec des amis à sa lecture des textes islamiques et à sa participation à des événements communautaires, le cheminement de Sinead vers l'islam était autant un voyage spirituel intérieur qu'une exploration extérieure. Ce sont ces expériences qui ont préparé le terrain pour le prochain chapitre de son parcours spirituel : sa conversion à l'islam.

Au cœur de l'exploration de l'islam par Sinead se trouvait le désir de comprendre ses principes, ses enseignements et sa vision du monde. C'était une foi qui attirait plus d'un milliard de personnes dans le monde, qui avait traversé les siècles et qui avait favorisé une culture d'une profondeur et d'une richesse incroyables. Quels étaient ses principes directeurs et comment résonnaient-ils avec la chanteuse irlandaise qui avait déjà parcouru les domaines du catholicisme et du rastafarianisme ? Pour apprécier pleinement son cheminement spirituel, il est crucial de comprendre ces aspects de l'islam.

L'islam repose sur les Cinq Piliers : la Shahada (profession de foi), la Salah (prière), la Zakat (aumône), le Sawm (jeûne pendant le mois sacré du Ramadan) et le Hajj (le pèlerinage à La Mecque). Ce sont là les pratiques essentielles de la foi, un entrelacement de croyance, de rituel et d'action éthique qui donne forme à la vie d'un musulman.

La Shahada, la profession de foi, déclare qu'il n'y a de dieu que Dieu et que Muhammad est Son prophète. Cette assertion monothéiste aurait pu plaire à Sinead, écho de l'unité qu'elle avait précédemment trouvée dans les croyances rastafariennes.

La Salah, la prière rituelle accomplie cinq fois par jour, n'est pas seulement un acte de culte, mais aussi un moment de pause, de réflexion, de connexion avec le divin. Sachant que Sinead aimait la beauté de l'appel à la prière islamique, il n'est pas difficile d'imaginer qu'elle ait été attirée par ce cycle rythmique de prière.

La Zakat, l'acte de donner aux moins fortunés, est en accord avec ses engagements publics et personnels en faveur de la charité. Pendant ce temps, le Sawm, l'acte de jeûner, non seulement de la nourriture, mais aussi de propos nuisibles et d'actions nuisibles, fait écho à l'engagement envers la discipline personnelle et la croissance qui a été un thème récurrent dans la vie de Sinead.

Enfin, le Hajj, un pèlerinage réunissant des musulmans du monde entier, représente un voyage spirituel, un thème qui a été constant dans la vie personnelle et artistique de Sinead.

La foi de l'islam ne concerne pas seulement la croyance en une divinité lointaine ; il s'agit d'une relation constante, quotidienne avec le divin et la communauté. Il s'agit de rechercher l'équilibre entre le terrestre et le spirituel, entre l'individu et le collectif. Dans cette foi, Sinead pouvait trouver un foyer spirituel, un cadre de vie en accord avec ses valeurs et fournissant une nourriture spirituelle.

La puissance des enseignements de l'islam réside dans leur simplicité et leur profondeur, dans les possibilités qu'ils offrent pour la croissance et la connexion spirituelle. C'est ici, au cœur des principes et des enseignements de l'islam, que nous pouvons commencer à comprendre la profonde résonance que cette foi a trouvée dans l'âme de Sinead O'Connor.

Le récit du voyage spirituel de Sinead O'Connor ne serait pas complet sans plonger dans sa conversion à l'islam, une expérience transformative qui a profondément façonné sa vie et sa perspective. En tant que biographe autorisé, l'opportunité d'explorer sa transition et son adoption de cette nouvelle foi offre un regard intime sur son parcours personnel de découverte et d'illumination.

En octobre 2018, Sinead a annoncé sa conversion à l'islam, marquant encore un autre jalon dans son exploration spirituelle. La déclaration publique de sa conversion, faite via les médias sociaux, a été accueillie par des réactions variées, témoignant de l'examen public constant qui l'a accompagnée tout au long de sa vie. Pourtant, l'émotion brute et profonde dans ses mots était indéniable. Sinead semblait avoir trouvé un chemin qui résonnait profondément en elle, un refuge spirituel qu'elle avait cherché depuis longtemps.

Son adoption du nom 'Shuhada' Davitt symbolisait un nouveau commencement, une renaissance dans une foi qui la réconfortait et l'inspirait. Le nom Shuhada' signifie "martyrs" ou "témoins" en arabe, reflétant son rôle en tant que témoin de sa foi et témoignage de son engagement.

La conversion à l'islam est un processus profondément personnel, marqué par l'énoncé de la Shahada - la proclamation islamique selon laquelle "Il n'y a de dieu qu'Allah, et Muhammad est son messager." Cette affirmation, qu'elle a récitée dans le cadre de son processus de conversion, est un puissant témoignage de la foi et de la dévotion d'un musulman. Bien que les circonstances spécifiques entourant la récitation de la Shahada par Sinead soient privées, on peut imaginer l'expérience spirituelle profonde que ce moment a dû représenter pour elle.

Comme c'est la coutume pour de nombreux nouveaux convertis à l'islam, Sinead a probablement été initiée aux principes de la foi, notamment en comprenant et en participant aux cinq prières quotidiennes (Salah), en apprenant l'importance de la charité (Zakat), du jeûne (Sawm) et de la signification du pèlerinage (Hajj). Adopter ces piliers de l'islam signifie un engagement non seulement envers la croyance, mais envers un mode de vie, témoignant du désir profondément ancré de Sinead pour l'accomplissement spirituel et la structure.

La conversion de Sinead à l'islam n'était pas un acte de rébellion ni une tentative de susciter la controverse, mais un voyage personnel de foi. Cela a marqué un point pivot dans sa quête spirituelle, une transition vers un chemin qui semblait résonner avec ses convictions et croyances les plus profondes. En embrassant l'islam, Sinead a également découvert un nouveau sens de soi, une identité spirituelle qui, pour elle, était profondément réconfortante et inspirante. Ce n'était pas seulement un nouveau chapitre de sa vie ; c'était une transformation qui résonnait dans chaque aspect de son existence.

L'influence de l'islam sur la musique de Sinead était aussi profonde que transformative. Le profond sentiment de paix et d'enracinement spirituel qu'elle a trouvé dans sa nouvelle foi a commencé à imprégner son art, colorant sa musique de nuances de ses croyances islamiques. En tant que biographe autorisé, suivre ces fils subtils d'influence spirituelle dans son travail offre une perspective unique sur le cœur et l'âme de l'artiste.

L'une des réflexions les plus frappantes de la foi islamique de Sinead dans sa musique était un sens approfondi de l'introspection et de l'exploration spirituelle. Ses paroles ont commencé à résonner avec les thèmes de la soumission à une puissance supérieure, de la paix intérieure et de la quête de la vérité - des principes fondamentaux de l'islam. Elles sont devenues comme des versets d'un journal spirituel, capturant son voyage de foi avec une honnêteté candide.

Sa chanson "Milestones", sortie en 2018 peu après sa conversion, en offre un exemple poignant. Un numéro acoustique déchirant, il contient des allusions subtiles à son voyage spirituel, avec des versets cryptiques qui parlaient de sa recherche de sens et d'identité. La crudité des paroles, ponctuée par son interprétation émouvante, résonnait avec un profond sentiment d'authenticité. Voici une femme qui ne chantait pas seulement sa foi, mais à partir de sa foi, exprimant ses émotions et expériences les plus intimes à travers le medium de la musique.

Sur le plan musical, l'influence de sa conversion peut également être tracée dans le ton plus contemplatif et introspectif adopté par certaines de ses chansons. Cela reflétait la pratique islamique du "dhikr", ou la remémoration de Dieu, qui encourage un état de contemplation attentive. Il semblait que sa musique était devenue une autre forme de prière, une expression spirituelle de ses pensées et sentiments les plus profonds. Dans l'exploration de la foi islamique par Sinead, l'adhan - l'appel islamique à la prière - l'a particulièrement fascinée. Sa récitation publique de l'adhan à plusieurs reprises et ses descriptions de celui-ci comme "le son le plus beau du monde" pointaient vers une connexion intime avec cet aspect de sa foi. Bien qu'il ne soit pas encore clair si cette fascination s'est directement retrouvée dans sa musique, elle souligne néanmoins la profondeur de sa connexion spirituelle à l'islam.

Le voyage de Sinead vers l'islam était profondément personnel et a naturellement coulé dans sa musique. Ses chansons sont devenues des reflets de son moi spirituel, imprégnées de l'essence de sa foi. Elles offraient un aperçu de l'impact profond que sa conversion avait eu sur elle, en tant qu'individu et en tant qu'artiste. À travers sa musique, Sinead a partagé son voyage spirituel avec ses auditeurs, créant une connexion spirituelle profondément intime qui continue de résonner aujourd'hui.

L'impact personnel de la conversion de Sinead à l'islam était aussi profond et transformateur que son influence sur sa musique. Ce n'était pas simplement un changement de foi religieuse, mais un changement de perspective, un réarrangement de ses points de vue du monde qui résonnait profondément en elle.

Sinead a déclaré un jour avec célèbrement : "Toute écriture mène à l'islam. Ce qui rend toutes les autres écritures redondantes." Cette déclaration, aussi controversée qu'elle puisse l'être, était indicative de son engagement profond et de sa foi. Elle avait trouvé dans l'islam un foyer spirituel, un lieu d'appartenance qu'elle avait peut-être cherché toute sa vie. Après sa conversion, elle adopta le nom de Shuhada' Sadaqat, annonçant une nouvelle identité, une nouvelle phase dans le voyage de sa vie.

Sa vision du monde, autrefois ponctuée de périodes de turbulence et de conflit intérieur, semblait avoir trouvé une ancre apaisante dans les principes de l'islam. La dévotion de Sinead envers sa foi était évidente dans sa vie quotidienne et ses interactions. Elle parlait souvent de la tranquillité qu'elle trouvait dans le Salah - le rituel islamique de la prière - et comment cela lui fournissait un cadre structuré pour sa journée, apportant un sentiment de paix et de but. Ses publications sur les réseaux sociaux reflétaient fréquemment ses pratiques religieuses et ses pensées, révélant une femme profondément en paix avec sa foi.

Mais peut-être la transformation la plus profonde était-elle évidente dans sa perception d'elle-même. Elle n'était plus seulement Sinead O'Connor, la chanteuse-compositrice mondialement reconnue à la voix puissante. Elle était désormais Shuhada' Sadaqat, une femme qui avait trouvé une connexion profonde avec son Créateur et sa foi. Ce changement d'identité n'était pas un départ de son passé, mais plutôt l'aboutissement de son voyage spirituel, un témoignage de sa résilience, de sa quête de vérité spirituelle et de sa capacité à se redéfinir selon ses propres termes.

Sa connexion avec la communauté musulmane mondiale s'est également approfondie. Sinead s'est retrouvée faisant partie d'une fraternité mondiale de foi, liée par une croyance partagée dans les principes de l'islam. Elle a exprimé son admiration pour ses collègues musulmans, en particulier pour leur nature accueillante et le sentiment de communauté qu'elle a ressenti. Sa conversion ne concernait pas seulement la foi personnelle ; il s'agissait de faire partie d'une communauté de croyants plus vaste et mondiale.

En concluant ce chapitre sur le voyage de foi de Sinead, il est évident que son voyage spirituel n'était pas simplement une note de bas de page dans sa vie, mais une part significative de son identité.

La conversion de Sinead à l'islam et son exploration de la foi étaient plus que des expériences religieuses ; elles étaient des aspects intégraux de sa vie qui ont influencé sa musique, sa vision du monde et son sens de soi. Son histoire est un témoignage de la puissance de la foi et de la capacité humaine au changement et à la croissance.

Notre voyage à travers la vie et la carrière remarquables de Sinéad nous amène maintenant à ses années formatrices et à la naissance de sa conscience sociale et politique. Grandir dans l'Irlande tumultueuse des années 70 et 80, une époque et un lieu marqués par les troubles socio-politiques et les divisions religieuses, ne l'a pas empêchée de détourner le regard des dures réalités qui l'entouraient.

Enfant, Sinéad était une observatrice attentive, absorbant son environnement avec une sensibilité aiguë qui est souvent caractéristique de ceux destinés à une grande carrière artistique. Au milieu des bouleversements politiques et des inégalités sociales de son époque, son cœur empathique était touché et son esprit aiguisé, mis au défi. Ce n'était pas un monde qu'elle accepterait passivement. Au contraire, l'injustice, la discrimination et les abus qu'elle voyait attisaient les braises de sa conscience sociale, suscitant en elle la détermination de contribuer à créer un monde meilleur.

Chaque figure influente de l'histoire a ses catalyseurs, et Sinéad ne faisait pas exception. Pour elle, la musique et la littérature sont devenus de puissants outils d'illumination. En écoutant les chansons de protestation de Bob Marley et en lisant les écrits révolutionnaires de Karl Marx dans son adolescence, elle a commencé à trouver des mots et un rythme pour les sentiments tumultueux qui l'habitaient. Ces influences ont commencé à façonner sa vision du monde, lui offrant un vocabulaire de résistance et de rébellion qui résonnait profondément en elle.

Pourtant, la conscience sociale naissante de Sinéad ne découlait pas uniquement de sources externes. Ses expériences au sein de sa famille, en particulier les luttes qu'elle a connues dans sa relation avec sa mère, étaient sans doute parmi les facteurs les plus importants de la formation de ses perspectives. Les tourments qu'elle a vécus dans sa vie domestique lui ont permis de voir et de ressentir les douleurs de ceux qui souffraient des maux de la société. C'était comme si ses batailles personnelles étaient un microcosme des luttes plus larges se déroulant au niveau de la société. De cet creuset de douleur et de force, sa voix a émergé, non seulement comme chanteuse, mais aussi comme porte-parole pour ceux qui n'en avaient pas.

Sinéad n'était pas seulement une observatrice de son époque, mais aussi une participante active. Elle a tenu un miroir à la société, nous mettant tous au défi avec son authenticité brute et son refus de se conformer. Même adolescente, elle avait le courage remarquable de remettre en question le statu quo, de défendre ce qu'elle croyait être juste et de se mettre en danger pour cela. Ce courage et cette conviction deviendraient des caractéristiques déterminantes de son militantisme dans les années à venir.

Ceci est le récit d'une âme qui s'éveille aux enjeux du monde, d'un esprit qui découvre son but. C'est là que la chanteuse a commencé à se transformer en militante, que la femme a commencé à devenir une force. C'est l'histoire des premiers pas de Sinéad dans la conscience sociale et politique. Et à mesure que nous plongeons plus profondément dans sa vie, nous verrons comment cette conscience l'a non seulement façonnée, mais aussi transformée en un phare d'espoir et de changement dans un monde souvent tumultueux.

Profondément ancrée dans le militantisme de Sinéad, sa lutte pour les droits des enfants occupe une place poignante. C'est une cause à laquelle elle est personnellement liée, ayant été façonnée par ses expériences d'enfant et plus tard en tant que parent elle-même. Pour saisir pleinement l'ardent plaidoyer de Sinéad en faveur des droits des enfants, nous devons plonger dans son parcours personnel, un chemin qui n'a jamais été simple, mais toujours sincère et profondément ressenti.

Les expériences personnelles de Sinéad ont joué un rôle significatif dans la formation de sa compréhension et de son approche des droits de l'enfant. Son enfance, marquée par la tumulte et les conflits, a été un réveil brutal aux réalités auxquelles de nombreux enfants font malheureusement face. Les épreuves qu'elle a endurées ont non seulement suscité son empathie pour les autres qui souffrent, mais ont également renforcé sa détermination à utiliser sa voix pour provoquer le changement. Pour elle, chaque enfant méritait une vie de dignité, d'amour et de respect, et elle n'avait pas peur de s'exprimer à ce sujet.

Sa passion pour les droits des enfants n'a pas faibli à mesure qu'elle devenait mère. Bien au contraire, elle a pris une nouvelle dimension. En naviguant entre les joies et les défis de l'éducation de ses enfants, elle a ressenti une connexion encore plus profonde avec la cause. Pour elle, la maternité n'était pas seulement un voyage personnel, mais aussi un témoignage plus large de l'importance de nourrir les vies des jeunes. Elle n'était pas seulement une mère pour ses propres enfants, mais, grâce à son plaidoyer, un symbole de soin et de protection pour les enfants qui en manquaient.

Il n'a pas fallu longtemps avant que son militantisme ne commence à influencer son art. Les paroles crues et émotives de ses chansons abordaient souvent des thèmes d'innocence, de vulnérabilité et de la force innée des enfants. Des chansons comme "This is a Rebel Song" et "Thank You for Hearing Me" ont résonné auprès de ses auditeurs, servant d'hymnes émouvants qui reliaient le personnel au politique.

Alors qu'elle se lançait dans la sphère publique, Sinéad trouvait sa voix amplifiée, sa cause mise en lumière. Elle exploitait activement son influence, exhortant à des changements de politique et d'attitudes sociales en faveur de la protection des droits des enfants. Elle dénonçait les abus, militait pour de meilleures lois de protection de l'enfance et encourageait ses fans à être plus attentifs et respectueux des besoins des enfants. Sinéad ne chantait pas seulement ; elle rugissait, devenant une lionne non seulement pour sa propre progéniture, mais pour tous les enfants sans voix et marginalisés.

En effet, la lutte de Sinéad en faveur des droits des enfants est étroitement liée à son propre parcours de vie. De son passé douloureux à son engagement aimant en tant que mère, ses expériences personnelles ont continuellement alimenté son militantisme. Pourtant, son plaidoyer transcende le personnel. Il touche une vérité universelle en laquelle elle croit farouchement - que chaque enfant mérite une chance, une voix et une vie exempte de mauvais traitements et de négligence.

Ainsi, nous trouvons en Sinéad une ardente défenseure protectrice, une femme dont le cœur souffre pour les vulnérables, et une mère qui désire un monde meilleur pour tous les enfants. Son militantisme en faveur des droits des enfants est un témoignage de sa force, de son courage et de sa croyance inébranlable en le pouvoir transformateur de l'amour et du soin. Alors que nous continuons à dévoiler la vie et le militantisme de Sinéad, nous voyons les fils de ses expériences personnelles et de ses convictions tisser un récit aussi inspirant que profond.

L'un des moments les plus saillants du parcours de Sinéad vers la justice sociale a été sa critique de l'Église catholique, une démarche qui continue de résonner à travers sa vie et sa carrière. Ne reculant jamais devant la controverse, Sinéad a créé des remous avec son audacieuse protestation lors d'un épisode de l'émission Saturday Night Live en 1992. Cette nuit-là, elle a courageusement déchiré en direct à la télévision une photo du Pape Jean-Paul II, dans un acte de défiance qui marquerait à jamais son nom dans les annales de l'histoire de la musique et du militantisme.

Il ne s'agissait pas d'une action impulsive, mais plutôt d'une protestation minutieusement réfléchie de la part de Sinéad. Connu pour son honnêteté et sa franchise, elle avait depuis un certain temps exprimé son mécontentement à l'égard de l'Église catholique. Élevée dans une famille catholique, elle avait fait l'expérience directe de la rigidité et des lacunes de l'Église, ce qui avait laissé une profonde empreinte dans son esprit jeune. Cette expérience alimenterait plus tard sa résolution de s'opposer à ce qu'elle considérait comme une institution qui avait depuis longtemps perdu le contact avec son devoir de protection envers ses membres les plus vulnérables.

L'événement sur Saturday Night Live fut un moment décisif, un acte délibéré et symbolique. Tenant une photographie du Pape Jean-Paul II, elle chanta les paroles troublantes de la chanson de Bob Marley "War", modifiant les paroles pour accuser l'Église catholique d'abus sur les enfants. Puis, choquant des millions de téléspectateurs, elle déchira la photographie, déclarant : "Combattez le véritable ennemi".

La réaction n'a pas tardé et fut sévère. L'acte a été accueilli par une tempête de controverses. Ses détracteurs l'ont accusée de blasphème et de manque de respect. Elle a été dénoncée et diffamée, de nombreux acteurs de l'industrie prenant leurs distances à son égard. Mais au milieu de ce tumulte, Sinéad est restée inébranlable et sans remords, demeurant fidèle à ses convictions et à son engagement pour révéler la vérité.

Dans une société qui souvent réduit au silence les femmes et condamne la rébellion, l'acte de Sinéad était une affirmation audacieuse. C'était un témoignage de son courage, de sa détermination à dire la vérité face au pouvoir et de son refus de reculer face à une immense pression. Elle n'a pas simplement déchiré une photo ; elle a déchiré la façade d'une institution qu'elle estimait avoir failli à son devoir, exigeant des comptes là où elle estimait qu'ils étaient dus.

Comprendre cet acte controversé signifie comprendre Sinéad elle-même - indépendante avec détermination, d'une franchise implacable et engagée envers la justice. L'événement à Saturday Night Live n'était pas seulement un moment de protestation, il était une encapsulation de la dévotion de Sinéad à parler pour les opprimés, à lutter pour la justice et à rester debout même si elle doit le faire seule. Cet acte unique illustre l'engagement passionné de Sinéad pour la justice sociale, mettant en lumière une facette de sa personnalité qui fait d'elle l'artiste et militante intrépide qu'elle est aujourd'hui.

Dès que l'épisode controversé de Saturday Night Live (SNL) a été diffusé, les répercussions auxquelles Sinead O'Connor a dû faire face ont été rapides et sévères. Un tollé public s'est immédiatement élevé, avec des téléspectateurs et des médias exprimant à la fois choqués et indignés face à ce que beaucoup ont perçu comme un acte irrespectueux envers l'Église catholique.

Des talk-shows aux journaux, des cafés aux foyers, la conversation s'est centrée sur l'acte audacieux de Sinéad. Les jours et les semaines qui ont suivi son apparition à SNL se sont avérés être parmi les plus difficiles de sa carrière. Les critiques ont afflué de toutes parts. Certains ont argumenté que ses actions étaient inappropriées pour une plateforme télévisée, tandis que d'autres ont remis en question ses motivations, suggérant qu'elle cherchait simplement à attirer l'attention.

Sa musique a été interdite par plusieurs stations de radio, une conséquence professionnelle qui a profondément impacté son succès commercial. L'impact était international ; Sinéad a été dénoncée à l'échelle mondiale, du Vatican aux foyers des catholiques ordinaires. Certains personnalités publiques, qui l'avaient soutenue auparavant, se sont distanciées, craignant que la controverse n'affecte leurs propres carrières.

Les médias américains se sont montrés particulièrement virulents dans leur couverture. L'animateur de talk-show Joe Pyne l'a décrite comme une "farfadette irrationnelle, impudente et trop gâtée." Même "Madonna", une provocatrice du même secteur musical, a exprimé son désaccord, déclarant dans une interview que l'acte de Sinéad avait "jeté une mauvaise lumière sur toutes les femmes de la musique."

Cependant, au milieu des critiques, il y avait aussi des voix de soutien. Certains admiraient sa position audacieuse contre les allégations d'abus sur mineurs de l'Église, reconnaissant le courage qu'il fallait pour parler d'une question aussi sensible. D'autres ont défendu son droit à la liberté artistique et à la liberté d'expression, arguant que ces principes sont des pierres angulaires des sociétés démocratiques.

L'après-incident de SNL a été un témoignage de l'effet polarisant de l'activisme de Sinéad. Elle avait révélé la profondeur de son engagement envers la vérité et la justice, au point de risquer sa carrière. En quelque sorte, l'incident de SNL a servi de test, éliminant ses fans de circonstance pour ne laisser que ceux qui appréciaient vraiment la profondeur et l'authenticité de son art. Les répercussions ont été profondes, influençant non seulement sa vie professionnelle, mais aussi sa vie personnelle, la façonnant en l'artiste et militante qu'elle est aujourd'hui.

Même au milieu du tumulte et du chaos qui ont suivi son apparition à SNL, l'engagement de Sinéad O'Connor pour la justice sociale est resté inébranlable. L'une des positions plus distinctes qu'elle a prises, souvent moins visible par rapport à sa critique de l'Église catholique, était son soutien inébranlable à la communauté LGBTQ+. La chanteuse-compositrice irlandaise intrépide a refusé que la controverse fasse taire sa voix sur un sujet si proche de son cœur.

L'engagement de Sinéad en faveur des droits LGBTQ+ était bien plus qu'une simple question de déclarations publiques et de chansons ; c'était une partie intrinsèque de sa vision du monde. Ayant grandi dans une société où l'hétéronormativité était la norme, Sinéad avait une empathie qui dépassait ces frontières sociétales. Ses croyances en l'amour, l'acceptation et l'égalité brillaient intensément dans ses actions et ses paroles.

Publiquement, elle parlait souvent de son soutien aux droits LGBTQ+, notamment lors d'interviews et d'apparitions publiques. Qu'il s'agisse d'évoquer sa propre sexualité - qu'elle décrivait ouvertement comme étant "trois quarts hétérosexuelle, un quart gay" - ou de plaider pour les autres, elle abordait le sujet avec une honnêteté intrépide qui n'était pas courante à l'époque dans l'industrie musicale.

Dans son univers musical, Sinéad donnait une voix à son engagement. Dans ses chansons, on trouvait souvent un soutien implicite et explicite à la communauté. Ses paroles racontaient des histoires d'amour affranchies des normes sociales traditionnelles, humanisant les relations queer à une époque où beaucoup choisissaient de les ignorer, voire de les dénigrer. L'impact de sa musique sur ses auditeurs, en particulier ceux de la communauté LGBTQ+, était incommensurable.

En privé, Sinéad était tout aussi solidaire. Elle s'impliquait souvent dans des œuvres caritatives et des événements en faveur des droits LGBTQ+, s'efforçant de tirer parti de sa renommée pour donner une voix aux sans voix. C'était une position qui lui a valu le soutien et l'amour de nombreux membres de la communauté, même si elle l'exposait également aux critiques de milieux plus conservateurs.

Le soutien de Sinéad O'Connor à la communauté LGBTQ+ est emblématique de son engagement plus large pour la justice sociale. C'est un aspect de son identité qui fait d'elle non seulement une chanteuse ou une militante, mais aussi un phare d'espoir pour ceux qui se trouvent souvent marginalisés. À travers sa musique, ses paroles et ses actions, elle a continuellement utilisé sa plateforme pour plaider en faveur d'un monde où l'amour n'est pas défini par les normes sociales, mais par la simple et belle connexion entre deux êtres humains.

Si l'audace de Sinéad O'Connor à défendre les causes auxquelles elle croit en a fait une figure emblématique dans le domaine de l'activisme social, cela n'est pas venu sans sa part de défis. Le militantisme, sous toutes ses formes, exige une quantité significative de force, de résilience et d'engagement - des traits que Sinéad a constamment démontrés tout au long de sa vie et de sa carrière.

On pourrait arguer que les plus grands défis auxquels Sinéad a été confrontée étaient les réactions à sa franchise. Dès le début, elle a manifesté une volonté forte de dénoncer les injustices, une ténacité qui s'est intensifiée à mesure que sa notoriété s'est accrue. Cette audace, associée à sa renommée, la plaçait souvent dans la ligne de mire des médias et du public.

Ses critiques envers l'Église catholique sont un exemple exemplaire du contrecoup auquel elle a fait face. Sa performance à l'émission Saturday Night Live, où elle a déchiré une photo du Pape Jean-Paul II en direct à l'antenne, a suscité une condamnation généralisée. Ses ventes de disques ont chuté, les stations de radio ont mis sa musique sur liste noire et elle a été diabolisée dans les médias. Il y a même eu des cas de destruction publique de ses disques et de ses photographies.

Cependant, ce n'était pas seulement le contrecoup public et médiatique auquel elle était confrontée. Le fardeau émotionnel de la controverse, ainsi que les menaces et les condamnations, étaient des charges lourdes à porter. Elle a lutté contre un niveau de surveillance et de virulence qui aurait brisé beaucoup d'autres. C'était une période qui a mis à l'épreuve non seulement sa détermination, mais aussi sa santé mentale et émotionnelle.

Être une défenseure des droits LGBTQ+ a également suscité sa part de critiques, surtout à une époque où un tel engagement n'était pas aussi répandu qu'aujourd'hui. Elle se retrouvait à nouveau au centre de discussions passionnées, sa vie personnelle sous le microscope une fois de plus. Ses discussions ouvertes sur sa sexualité ont été accueillies par tout, de l'admiration à une hostilité franche.

De plus, la lutte de Sinéad pour les droits des enfants, qui lui tenait profondément à cœur, était un autre domaine où elle a été confrontée à des défis. En parlant ouvertement de ses propres expériences traumatiques, elle s'exposait à l'examen public et aux attaques personnelles. Pourtant, son courage à utiliser son passé douloureux comme une force pour le changement en faveur d'autres enfants confrontés à des situations similaires est un témoignage de sa résilience.

Malgré les défis personnels et professionnels, Sinéad O'Connor est restée inflexible dans son engagement pour l'activisme. Ses épreuves semblaient renforcer sa détermination, ses tribulations alimentant sa poursuite infatigable de la justice sociale. Bien que son chemin en tant qu'activiste ait été parsemé d'obstacles, c'est un voyage qu'elle a entrepris avec une conviction inébranlable, défendant toujours les causes qui lui tiennent à cœur.

La relation de Sinéad O'Connor avec l'Église catholique n'a été rien de moins que complexe, et certainement jamais statique. Ses critiques audacieuses et publiques de l'institution ont fait la une dans le monde entier, cependant, son parcours spirituel a continué à évoluer au cours des années suivant la controverse.

Après que la poussière soit retombée après l'incident de Saturday Night Live, la perspective de Sinéad sur l'Église catholique a subi des transformations subtiles mais significatives. L'esprit provocateur qui alimentait ses critiques était toujours présent, mais il s'agissait moins de dénoncer une institution et davantage de rechercher une connexion personnelle avec une force supérieure.

Sa conversion au rastafarianisme a marqué une étape importante dans ce voyage spirituel. Avec son accent sur la spiritualité afrocentrique et la justice sociale, le rastafarianisme offrait un chemin qui semblait harmoniser avec ses propres idéaux et aspirations. Cette nouvelle perspective spirituelle l'a vue s'éloigner de la religion institutionnalisée de sa jeunesse vers une forme de spiritualité plus personnelle et directe, et pourtant les fils de son éducation catholique sont restés tissés dans sa toile spirituelle.

Sa conversion ultérieure à l'islam représentait un autre changement, mais aussi une continuation de son odyssée spirituelle. L'islam, avec son accent sur la soumission à la volonté de Dieu et la prière communautaire, a résonné avec Sinéad. Elle a décrit cette conversion comme "la conclusion naturelle du parcours de tout théologien intelligent", soulignant sa quête personnelle d'épanouissement spirituel et de compréhension.

Pourtant, dans toutes ces transitions spirituelles, sa relation avec l'Église catholique ne s'est pas simplement évaporée. Au contraire, elle s'est transformée, façonnée par sa propre croissance et compréhension. La colère qui alimentait ses critiques s'est adoucie au fil des ans, remplacée par une vue plus nuancée de l'institution.

Cependant, cela ne s'est pas traduit par une tolérance des actes répréhensibles. Sinéad a maintenu sa critique de la gestion des cas d'abus d'enfants par l'Église, mais elle semblait différencier entre les erreurs de l'institution et la foi elle-même. Elle a reconnu la paix que beaucoup trouvent dans la foi, et ses critiques sont devenues moins centrées sur la religion elle-même et davantage sur l'appel à la responsabilité pour les actions de l'institution.

Ainsi, la relation de Sinéad O'Connor avec l'Église catholique, après la controverse, n'était pas une animosité immuable, mais plutôt une dynamique complexe façonnée par sa propre croissance spirituelle et ses expériences. C'est un témoignage de son parcours, marqué par une quête inébranlable de la vérité spirituelle et de la justice sociale.

La musique a longtemps été un moyen d'exprimer le mécontentement, de promouvoir des causes sociales et de rassembler les désenchantés, et Sinéad O'Connor l'a habilement utilisée comme un outil de protestation tout au long de sa carrière. Sa passion pour la justice et ses talents musicaux se sont fusionnés en une force puissante qu'elle a utilisée pour mettre en lumière les maux et les injustices de la société.

On pourrait soutenir que la musique de Sinéad a toujours eu un côté socio-politique. Depuis son premier album, "The Lion and The Cobra", ses chansons portent des thèmes d'injustice et de défiance. Mais à mesure que son activisme devenait plus prononcé, les sous-entendus politiques dans sa musique se faisaient également plus présents.

Sa capacité unique à transformer la douleur personnelle en un cri universel contre l'injustice n'a jamais été aussi évidente que dans son interprétation déchirante de "Nothing Compares 2 U" de Prince. Au-delà de la peine d'une relation amoureuse ratée, sa performance brute et viscérale résonnait avec un sentiment de chagrin plus profond, une compréhension partagée de la souffrance humaine qui transcende le personnel pour toucher l'universel. Cette capacité à exprimer l'émotion collective a fait de sa musique un puissant moyen de commentaire social.

Plus tard dans sa carrière, l'album "Universal Mother" a fait écho à son activisme social croissant. Le puissant morceau "Famine" est une dénonciation de la manière dont l'histoire et la culture irlandaises ont été éclipsées par la Grande Famine. Ici, elle a utilisé la musique pour dévoiler les couches d'un traumatisme national, demandant attention et introspection à ses auditeurs.

Un album ultérieur, "Throw Down Your Arms", sorti après sa conversion au rastafarianisme, est une collection de reprises aux accents reggae qui servent de protestation spirituelle, défendant les valeurs rastas d'amour, de paix et d'égalité tout en critiquant les injustices sociétales et systémiques.

Sa chanson "Take Me to Church" de l'album "I'm Not Bossy, I'm the Boss", sert de réflexion sur soi et de déclaration de ses propres péchés et de son chemin vers la rédemption. Bien que personnelle dans sa narration, elle peut aussi être interprétée comme une critique subtile de l'incapacité de la religion organisée à offrir un vrai réconfort et un guide spirituel aux opprimés.

Entre les mains habiles de Sinéad O'Connor, la musique est bien plus qu'un art ; c'est un appel clair à la justice, un examen intime des blessures sociales et un cri de ralliement pour le changement. Chaque note, chaque mot, chaque pause est empreint de son intention, de son désir d'apporter un changement positif à travers sa musique. Elle manie son talent artistique comme une arme et un bouclier, luttant contre les maux qu'elle perçoit dans le monde, et ce faisant, elle transforme sa musique en un phare durable de protestation.

L'activisme, surtout lorsqu'il est mené sous les feux de la rampe, n'est que rarement sans conséquences. Le prix peut être particulièrement élevé pour ceux qui, comme Sinéad O'Connor, portent leur militantisme non pas comme un accessoire à leur image publique, mais comme une partie intrinsèque de leur identité. Les prises de position franches de Sinéad et sa volonté d'aborder directement des questions controversées ont eu un impact significatif sur sa vie et sa carrière, de manière à la fois difficile et gratifiante.

À la suite de son activisme, en particulier de sa critique de l'Église catholique et de sa prestation à l'émission SNL, Sinéad a dû faire face à des réactions négatives importantes. Les médias ne lui ont pas été favorables, déformant souvent le récit et la qualifiant de « folle ». Ses disques ont été boycottés, ses concerts ont été l'objet de manifestations, et elle a été largement évitée par l'industrie musicale, ce qui a eu un impact sur sa trajectoire professionnelle. Le poids de telles critiques publiques a parfois été émotionnellement dévastateur, entraînant des périodes de lutte pour sa santé mentale et des moments d'isolement.

Cependant, au sein de ces défis résidait aussi une résilience indéniable et un engagement inébranlable envers ses valeurs. Sinéad O'Connor n'a jamais cédé sous le poids du désaveu public. Au contraire, elle a continué à utiliser sa musique et sa plateforme publique pour aborder les problèmes de société et mettre en lumière la souffrance des marginalisés. C'était un témoignage de sa force et de sa conviction, et une partie essentielle de son identité en tant qu'artiste et militante.

L'impact de son activisme s'est également fait sentir au niveau personnel. Alors qu'elle naviguait dans les eaux agitées de l'opinion publique, Sinéad a trouvé une connexion plus profonde avec son être intérieur. Son cheminement spirituel, qui s'est manifesté à travers sa conversion d'abord au rastafarianisme puis à l'islam, s'est entrelacé avec son plaidoyer social. Son activisme et sa foi sont devenus des forces réciproques, s'informant et se renforçant mutuellement.

La critique et les éloges sont deux faces d'une même pièce, et l'activisme de Sinéad lui a également valu une certaine admiration et un certain respect de certaines sphères. Beaucoup ont salué son courage, son engagement inébranlable envers ses convictions et son dévouement à élever sa voix contre les injustices sociales. Elle est devenue un symbole de résistance, une icône de la liberté d'expression et une source d'inspiration pour beaucoup qui voient en elle l'incarnation d'un plaidoyer intrépide.

En résumé, l'activisme de Sinéad a laissé une empreinte indélébile sur sa vie et sa carrière. Il l'a conduite sur des chemins de résistance significative, mais il a également imprégné son parcours d'un profond sentiment de dessein et de signification. Malgré les défis, elle est restée inébranlable, naviguant dans le monde avec une boussole guidée par son profond sens de la justice et de la compassion. L'impact de son activisme a été une épée à double tranchant, à la fois source de conflit et phare d'espoir, témoignant de sa force en tant qu'artiste et en tant qu'être humain.

Le fil narratif de la vie de Sinéad O'Connor a toujours été entrelacé avec son engagement en faveur de la justice sociale. En abordant le présent, il est évident que Sinéad reste une voix puissante dans le chœur des défenseurs des droits civils. Ce chapitre se clôt en examinant le plaidoyer continu de Sinéad et son rôle actuel dans les mouvements modernes pour les droits civils.

Le temps a ajouté de la profondeur à la compréhension de Sinéad des problèmes sociaux, et ses expériences ont conféré de la gravité à sa voix. Son activisme, autrefois né de la colère et de la rébellion de la jeunesse, a évolué vers une forme plus nuancée et complexe. Il est caractérisé par un fort sentiment d'empathie, né de luttes personnelles, et une compréhension profonde des inégalités sociales.

Sinéad continue d'utiliser sa plateforme pour défendre la cause des marginalisés. Elle a embrassé l'ère numérique, utilisant les réseaux sociaux pour exprimer ses opinions et interagir avec ses adeptes. Ses publications reflètent souvent son engagement envers la justice sociale, apportant des commentaires sur des questions allant des droits des femmes au racisme et à la discrimination religieuse.

Sa musique, comme toujours, reste un conduit expressif pour son activisme. Elle continue de composer des chansons qui mettent en lumière des problèmes sociaux, attirant l'attention sur les injustices qui persistent dans notre monde. Ses paroles résonnent avec ceux qui se sentent inaudibles, apportant du réconfort à beaucoup qui se retrouvent dans les lignes sincères de la chanteuse.

Aujourd'hui, Sinéad n'est pas seulement une militante, mais aussi une mentore pour une nouvelle génération de défenseurs. Elle transmet sa sagesse et ses expériences à ceux qui commencent tout juste leur parcours vers la justice sociale. Elle est un témoignage vivant du pouvoir de la résilience, montrant qu'il est possible de s'opposer aux injustices, même lorsque l'adversité est considérable. Malgré le voyage tumultueux et les innombrables obstacles auxquels elle a été confrontée, l'esprit de Sinéad reste inébranlable. Son engagement envers la justice n'a pas faibli ; il s'est renforcé au fil des ans. Aujourd'hui, elle se dresse fièrement comme un phare de la défense sociale, sa voix résonnant des mêmes messages de justice, de compassion et d'égalité qui ont été le mantra de sa vie.

En conclusion, l'histoire de Sinéad O'Connor est un témoignage du pouvoir de rester fidèle à ses convictions, même face à l'adversité. Elle incarne l'esprit de l'activisme et nous rappelle que la musique, lorsqu'elle est associée à un message, peut devenir une force formidable pour le changement. Elle continue d'écrire son récit avec la même passion et la même conviction, ses paroles et ses actions témoignant d'une vie dédiée à la justice sociale. La chanson de Sinéad O'Connor reste inextricablement liée à son activisme, et c'est à travers ce prisme que nous obtenons la compréhension la plus profonde de cette femme et artiste remarquable.

" La Renaissance Artistique "

Dans le silence de la pause, le tumulte du monde extérieur s'est estompé en un murmure, et pendant un certain temps, Sinéad O'Connor a trouvé du réconfort dans le calme. Cependant, à l'aube du 21e siècle, une Sinéad revitalisée est apparue, émergeant de son exil volontaire avec un désir ardent de retourner au monde de la musique.

"Le Retour sur Scène" fut un moment monumental dans son parcours, marqué par un sous-courant de résilience, de ténacité et de vigueur renouvelée. Il y avait de multiples raisons derrière son retour triomphant, bien que toutes n'étaient pas facilement discernables, drapées qu'elles étaient dans l'énigme qu'est Sinéad.

Il est essentiel de comprendre que la relation de Sinéad avec la musique n'avait jamais été un simple divertissement. Au contraire, c'était une connexion profonde, aussi innée que respirer, une compagne constante dans le chaos de la vie. La pause qu'elle a prise de l'industrie n'était pas un adieu à la musique, mais plutôt un répit, une période d'introspection et de guérison à l'abri des regards du public. C'était l'occasion de redécouvrir l'artiste en elle, loin des pressions et des attentes qui accompagnent la célébrité.

Lorsqu'elle a finalement choisi de revenir sous les feux de la rampe, ce n'était pas une décision prise à la légère. En réalité, c'était une démarche mesurée, empreinte de la conviction que son parcours en tant qu'artiste était loin d'être terminé. Son attitude envers la musique à ce stade de sa vie était aussi brute et authentique qu'elle l'avait toujours été, mais elle était également marquée par une nouvelle clarté de dessein et une détermination à rester fidèle à elle-même.

Revenir sur scène et en studio était comme revenir chez elle pour Sinéad. Ses performances résonnaient d'une authenticité qui touchait le cœur de son public, qu'il soit ancien ou nouveau. Elle est revenue non pas comme un vestige du passé, mais comme une artiste dynamique du présent, sa voix, dans son honnêteté non déguisée, frappant une corde aussi profonde et résonnante que jamais.

Cette étape de sa vie ne représentait pas seulement un retour, mais une exploration de soi, un retour à ses racines et une expédition en territoire inconnu. Son retour n'était pas une fin, mais un début en quelque sorte, une réaffirmation de son engagement envers son art et son public.

En essence, le "Retour sur Scène" de Sinéad était un récit de résilience, un témoignage de son amour inébranlable pour la musique, et une réaffirmation de sa place dans une industrie qui avait beaucoup changé en son absence. À travers tout cela, Sinéad est restée elle-même, un phare d'authenticité dans un monde souvent pris dans les apparences.

Son chemin de retour sur scène, tout en étant rempli de défis et de triomphes, a servi de rappel de son esprit indomptable et de son engagement inébranlable envers son art, consolidant davantage son héritage en tant que l'une des voix les plus distinctives et influentes de la musique contemporaine.

L'héritage artistique de Sinéad O'Connor est ponctué de vérité. Pour elle, la musique n'a jamais été une façade, un vernis derrière lequel se cacher, mais plutôt un canal à travers lequel elle a canalisé ses émotions les plus intimes. Dans chaque note qu'elle chantait, chaque parole qu'elle écrivait, une chose est restée constante : son engagement inébranlable envers l'honnêteté émotionnelle.

"L'Honnêteté Émotionnelle dans Sa Musique" - ces mots peignent un portrait évocateur d'une artiste qui n'a pas peur de dévoiler son âme. Même dans ses œuvres les plus récentes, Sinéad est restée fidèle à cet ethos, ses chansons étant une exploration poignante de la condition humaine. Ses chansons, sans retenue dans leur vulnérabilité, reflètent ses propres expériences, aussi brutes et non filtrées que les émotions qui les ont engendrées.

Cette honnêteté émotionnelle est le sang de sa musique, conférant à ses chansons une profondeur qui résonne avec ses auditeurs. Il y a une authenticité inégalée dans la manière dont elle canalise ses émotions dans sa musique, et c'est cette honnêteté nue qui la relie à son public d'un niveau profondément personnel. Chaque note chargée de tristesse, chaque parole empreinte de joie, est un rappel de notre expérience humaine partagée.

Son travail explore le vaste spectre des émotions humaines, des sommets exaltants de l'amour aux abîmes débilitants du chagrin, de la quiétude paisible de la solitude au poids écrasant de la solitude. À travers tout cela, Sinéad reste un phare d'honnêteté émotionnelle, sa musique témoignant de sa résilience et de sa capacité à trouver la beauté même au milieu de la douleur.

La disposition de Sinéad à exposer sa vulnérabilité n'a pas été sans ses défis. Cela a nécessité du courage pour dévoiler son âme au monde, pour exposer ses émotions à la vue de tous. Pourtant, cette exposition émotionnelle a toujours été essentielle à son processus créatif. Sa musique n'était jamais censée être un refuge contre ses émotions, mais un moyen de les embrasser, de donner voix à ses pensées et sentiments les plus profonds.

Le parcours musical de Sinéad O'Connor a toujours été axé sur l'honnêteté et la vulnérabilité, sur le fait d'être fidèle à elle-même et, surtout, sur le partage de cette vérité avec ses auditeurs. Cet ethos continue de imprégner ses œuvres les plus récentes, témoignant de son dévouement inébranlable à son art. Grâce à son honnêteté émotionnelle, elle continue de se connecter avec ses auditeurs, créant un espace partagé d'empathie et de compréhension, un témoignage du pouvoir de sa musique.

"Explorer de Nouveaux Genres" - Sinéad O'Connor, connue pour sa voix distinctive et émouvante, n'a jamais eu peur de s'aventurer dans divers styles musicaux. Les frontières des genres n'ont été que des lignes tracées dans le sable pour Sinéad, sa musique étant la preuve de son dévouement inébranlable à l'exploration artistique. Cette exploration s'est poursuivie bien dans le 21e siècle, la chanteuse expérimentant de nouveaux sons et paysages musicaux.

Dans les premiers jours de sa carrière, Sinéad était principalement associée au rock alternatif et à la pop, mais son style n'a jamais été confiné à ces genres. Elle a démontré une capacité marquée à transcender les limites des genres, sa musique parcourant le spectre du rock et de la pop au folk, et s'aventurant même dans les domaines du reggae et de la musique du monde. Ce mélange mélodique de styles n'est pas un chaos incohérent, mais un mélange inspiré et harmonieux qui crée un son unique à Sinéad.

Au 21e siècle, sa palette musicale s'est encore élargie. Elle a continué à expérimenter, entrelaçant son style avec des éléments de musique électronique et intégrant même des influences de la musique traditionnelle irlandaise, en hommage à ses racines. Ses albums récents témoignent de sa volonté de s'aventurer dans des territoires musicaux inexplorés, un témoignage de sa polyvalence artistique.

Prenons son album "Throw Down Your Arms" comme exemple. Ce travail l'a vue embrasser pleinement le reggae, chaque chanson étant une version réinventée d'un morceau reggae classique. C'était un écart par rapport à son style antérieur, mais la transition semblait organique. Sa voix émouvante s'entrelaçait sans effort avec les pulsations rythmiques du genre, insufflant une nouvelle vie à ces classiques.

Une autre exploration était son incursion dans le monde de la musique traditionnelle irlandaise, notamment avec la sortie de "Sean-Nós Nua". Ici, Sinéad réinterprète des chansons traditionnelles irlandaises, les imprégnant de sa propre interprétation unique. Sa voix passionnée et évocatrice apporte une perspective nouvelle à ces joyaux culturels de longue date, comblant le fossé entre le passé et le présent.

Le voyage de Sinéad O'Connor à travers divers genres musicaux est un témoignage de sa polyvalence inhérente. Sa capacité innée à adapter sa voix et son style à une gamme de genres musicaux n'est pas seulement le signe de son talent musical, mais aussi de sa curiosité artistique insatiable. Cette exploration des genres est encore une autre facette de l'identité musicale unique de Sinéad, une continuation de son voyage en tant qu'artiste repoussant les limites. Alors que nous avançons davantage dans le 21e siècle, il y a un sentiment excitant d'anticipation quant aux paysages musicaux qu'elle explorera ensuite.

"Projets de Collaboration" - Aucun artiste n'existe en isolation, et Sinéad O'Connor ne fait pas exception. Tout au long de sa carrière, elle a embrassé le pouvoir de la collaboration, explorant la synergie qui émerge lorsque des artistes aux voix distinctes se réunissent. Le 21e siècle l'a vue participer à divers projets de collaboration, chacun illuminant une facette différente de son identité musicale et contribuant à l'évolution de son style.

Sinéad a été particulièrement attirée par des artistes qui, comme elle, n'ont pas peur de repousser les limites. Ces collaborations ont donné naissance à certaines des musiques les plus passionnantes et captivantes de sa carrière, témoignant du pouvoir transformateur des partenariats créatifs.

Un exemple éclatant de ses aventures collaboratives est son travail avec le célèbre producteur Daniel Lanois. Lanois, connu pour son travail avec des artistes comme U2 et Bob Dylan, a apporté une perspective différente à la musique de Sinéad. Le fruit de leur collaboration était "Theology", un double album qui mêle des éléments traditionnels irlandais à un son plus global et universel. Leur engagement partagé envers l'honnêteté artistique était évident dans l'album, résonnant aussi bien auprès des critiques que des fans.

En 2005, elle a prêté sa voix unique à l'album "100th Window" de Massive Attack, ajoutant profondeur et résonance émotionnelle à la chanson "A Prayer for England". Ses vocaux magnifiquement envoûtants, associés au son trip-hop caractéristique de Massive Attack, ont donné lieu à une chanson qui était à la fois une prière et une protestation, un puissant plaidoyer pour la justice pour les enfants partout dans le monde.

Les collaborations de Sinéad ne se limitent pas au domaine musical. Son incursion dans le cinéma a été marquée par sa collaboration avec le cinéaste irlandais Neil Jordan pour le film "The Butcher Boy". Sa reprise émouvante de "He Moved Through the Fair" a ajouté une couche poignante au film, démontrant sa capacité à toucher les publics à travers différents médias.

Les efforts collaboratifs de Sinéad O'Connor n'ont pas seulement enrichi son catalogue musical, mais l'ont également épanouie en tant qu'artiste. Ils lui ont permis d'expérimenter de nouveaux styles, de comprendre différentes perspectives et, surtout, de progresser dans son parcours musical. Chaque collaboration a été une fenêtre ouverte sur un nouveau monde de possibilités, témoignant du potentiel infini de la créativité partagée. Alors que nous continuons à suivre son parcours, on ne peut qu'anticiper ce que les futures collaborations apporteront à sa discographie déjà vibrante et diverse.

"L'Impact de Sa Foi sur Sa Musique" - Lorsque l'on considère les forces créatives qui ont façonné le parcours artistique de Sinéad O'Connor, il est impossible de négliger l'influence profonde de sa foi. À sa conversion à l'islam en 2018, une artiste déjà profondément spirituelle a trouvé une nouvelle source d'inspiration. Cette section explorera comment sa foi a imprégné sa musique récente d'une profondeur et d'une résonance palpables pour les auditeurs.

La foi, avec son éventail d'émotions - révérence, questionnement, abandon et extase - a toujours offert une matière riche aux paroliers. Mais pour Sinéad, son engagement envers la foi n'est pas simplement un exercice créatif ; c'est une expérience vécue qui imprègne chaque facette de sa vie. Sa conversion à l'islam, comme elle l'a souvent dit, a été vécue comme un "retour à la maison" - un sentiment qui résonne puissamment dans sa musique.

Son album de 2014, "I'm Not Bossy, I'm the Boss", bien qu'antérieur à sa conversion, témoigne d'une artiste qui se débat avec des questions d'autonomie spirituelle et personnelle. Cependant, c'est dans sa musique plus récente que l'influence de sa foi islamique est peut-être la plus profondément ressentie. Sa chanson "Milestones", sortie sous le nom de Shuhada Sadaqat, est imprégnée de références à son cheminement spirituel, un témoignage poignant de sa quête de paix, d'acceptation de soi et de libération à travers la foi.

Dans un monde souvent polarisé par les différences religieuses, la musique de Sinéad offre un phare d'unité. Les thèmes spirituels qui imprègnent son œuvre résonnent auprès des publics de toutes confessions, créant un paysage émotionnel partagé qui transcende les frontières religieuses. Sa reprise magnifiquement envoûtante de l'appel à la prière islamique, l'Adhan, en est un exemple. Ce n'était pas une chanson, selon les définitions traditionnelles, mais elle a touché les cœurs du monde entier, révélant le langage universel de la dévotion. Selon les propres mots de Sinéad, sa musique est une forme de prière, un espace où l'humain et le divin se croisent. Cet ethos spirituel se reflète non seulement dans ses paroles, mais aussi dans la qualité émotive de sa voix. Il y a une crudité et une pureté dans son interprétation vocale qui confèrent à sa musique une qualité presque liturgique. Qu'elle chante la perte personnelle, les problèmes sociaux ou le désir spirituel, il y a toujours un récit sous-jacent de foi, suggérant une main divine guidant son parcours artistique.

Alors que nous continuons à explorer la musique inspirée par la foi de Sinéad, on ne peut s'empêcher d'admirer son courage à permettre que son parcours spirituel se déroule de manière si ouverte et honnête dans son art. Cette transparence confère à sa musique une authenticité rare, témoignage de son engagement continu envers l'honnêteté émotionnelle dans son travail.

"L'Utilisation de la Musique comme Thérapie" - Les qualités thérapeutiques de la musique sont bien documentées, et pour Sinéad O'Connor, la musique n'a été rien de moins qu'une bouée de sauvetage. En tant que personne qui a affronté les difficultés de la santé mentale, elle a trouvé du réconfort dans le processus créatif. Dans ce segment, nous cherchons à mettre en lumière comment cette thérapie à travers la musique a profondément influencé son travail récent.

C'est à travers son honnêteté que Sinéad invite les auditeurs dans son univers. Chaque accord, chaque paroles, chaque note semble raconter une histoire de résilience, de lutte continue contre l'obscurité, faisant de sa musique un sanctuaire où elle trouve réconfort et force. Elle a été franche au sujet de ses batailles avec la santé mentale, une réalité que beaucoup affrontent mais que peu évoquent aussi ouvertement, surtout sous les feux de la célébrité.

Prenez l'intensité brute de son album de 2012, "How About I Be Me (And You Be You)?". Avec des pistes comme 'Reason with Me' et 'The Wolf is Getting Married', elle dissèque les vicissitudes de sa vie, dressant un portrait d'espoir contre vents et marées. Ces chansons vibrent d'une honnêteté émotionnelle qui est désarmante et, par moments, déchirante. Pourtant, l'album n'est pas simplement une chronique de ses luttes ; c'est un témoignage de sa résilience, un appel à l'amour-propre et à l'acceptation de soi.

Le pouvoir de sa musique comme thérapie réside également dans la connexion qu'elle forme avec ses auditeurs. Sa chanson '8 Good Reasons', de son album de 2014 "I'm Not Bossy, I'm the Boss", est un discours poignant sur la lutte contre les démons tout en choisissant de vivre. Ce n'est pas seulement une chanson ; c'est une conversation sincère, une main tendue à quiconque lutte avec des problèmes similaires. Cette expérience partagée entre Sinéad et son public amplifie l'effet thérapeutique de sa musique.

L'art de Sinéad est un écho empathique qui résonne chez ceux qui ont affronté leurs propres batailles avec la santé mentale. Sa musique, en essence, n'est pas simplement une collection de chansons, mais un journal de son voyage thérapeutique. C'est un miroir reflétant sa détermination à utiliser ses épreuves et tribulations comme une source de créativité plutôt que de les laisser être des obstacles.

Cette exploration de l'utilisation de la musique comme thérapie par Sinéad offre non seulement une compréhension plus profonde de son art, mais aussi de sa force. Son courage à affronter sa douleur et à en faire quelque chose de beau est une source d'inspiration. Cela invite les auditeurs à trouver leur propre guérison et à comprendre qu'il est acceptable de ne pas être bien, et que dans cette vulnérabilité réside une force profonde. Sinéad O'Connor continue à porter son cœur sur sa manche lyrique, et en le faisant, sa musique reste un phare d'espoir pour beaucoup.

"La Réception Critique de Sa Musique" - La réception de la musique de Sinéad O'Connor au 21e siècle a été aussi dynamique que l'artiste elle-même. Dans cette partie, nous explorons comment les critiques musicaux et le public ont accueilli les œuvres ultérieures de Sinéad et comment elle a géré les critiques qui lui sont parvenues.

Alors que Sinéad refaisait surface sur la scène musicale au début des années 2000, c'était comme si le monde avait été réintroduit à une voix familière, maintenant encore plus affinée et mature. Il y avait une impatience chez le public et les critiques de redécouvrir Sinéad, l'artiste qui avait toujours repoussé les limites, et qui revenait maintenant avec une profondeur d'expérience de vie qui s'infiltrait dans sa musique.

Son album de 2002, "Sean-Nós Nua", était un retour à ses racines irlandaises, alors qu'elle réinventait des chansons traditionnelles irlandaises à sa manière unique. L'album a été acclamé pour sa nouvelle approche de la musique folk, et les critiques ont salué la décision de Sinéad de rendre hommage à son héritage irlandais. Des critiques comme Thom Jurek de AllMusic ont qualifié l'album de "surprenant, brut et magnifique", reflétant la positivité générale des critiques.

De même, son album de 2014, "I'm Not Bossy, I'm the Boss", a mis en avant la capacité de Sinéad à expérimenter différents genres, en incorporant des éléments de blues et de rock. Caroline Sullivan du journal The Guardian a salué l'album comme "vivant et sûr de lui", encapsulant le sentiment de confiance que Sinéad semblait dégager à cette phase de sa carrière.

Bien sûr, comme tout artiste, Sinéad a eu sa part de critiques. Certains critiques n'ont pas été aussi réceptifs à ses expérimentations musicales, et d'autres ont critiqué sa franchise, affirmant qu'elle éclipsait sa musique. Pourtant, Sinéad a toujours pris les critiques avec philosophie. Elle a souvent déclaré qu'elle crée de la musique pour elle-même en premier lieu, l'utilisant comme un exutoire pour ses émotions et ses pensées. Cette approche lui a permis de gérer les critiques sans laisser entraver son processus créatif.

De plus, la base de fans de Sinéad reste farouchement solidaire. Ses concerts sont souvent complets, et ses albums continuent de figurer dans les classements mondiaux, indiquant que même si elle peut faire l'objet d'examens critiques, sa musique résonne profondément auprès de son public.

En explorant la réponse critique à la musique de Sinéad au 21e siècle, nous sommes rappelés de l'effet polarisant que les artistes uniques et novateurs ont souvent. Sinéad O'Connor est restée fidèle à elle-même, utilisant sa musique comme une extension de son parcours personnel. Cette authenticité, combinée à son talent indéniable, a assuré l'impact continu de sa musique, indépendamment de la perspective des critiques.

"L'Impact de la Maternité sur Sa Musique" - Le rôle nourricier de la maternité débloque souvent une dimension différente dans le travail d'un artiste, introduisant une touche plus douce, une empathie plus profonde et une vulnérabilité brute. Pour Sinéad O'Connor, mère de quatre enfants, la maternité a eu une influence significative sur sa vie et sa musique. Dans cette section, nous explorons comment ses expériences en tant que mère ont imprégné son art, ses paroles et ses mélodies.

La maternité est devenue, à bien des égards, un pilier de la musique de Sinéad. Ses chansons ont commencé à revêtir une tendresse profonde, une source d'amour et parfois, une protection primordiale. Pour elle, la musique n'était plus seulement une carrière ou un moyen d'expression ; c'était un héritage, une série de schémas émotionnels qu'elle laisserait à ses enfants.

Dans son album de 2000, "Faith and Courage", la chanson "Emma's Song" est un hommage émouvant à son premier enfant. Les paroles, "Tu es mon enfant / Et je me souviendrai toujours / De tout ce que j'ai appris de toi / Tout l'amour que j'ai trouvé en toi", capturent l'amour transformateur que la parentalité engendre. Le sentiment brut et honnête de sa chanson offre aux auditeurs un aperçu de sa vie privée en tant que mère.

Ce voyage émotionnel a continué avec ses œuvres ultérieures. Dans l'album de 2002, "Sean-Nós Nua", elle dédie la chanson "My Lagan Love" à sa fille Róisín. L'arrangement délicat et berceuse montre le côté plus doux de Sinéad, une berceuse chantée par une mère à son enfant, tandis qu'elle raconte des contes du folklore irlandais.

L'album de 2012, "How About I Be Me (And You Be You)?", présente la chanson "4th and Vine", où Sinéad chante joyeusement son mariage et la création d'une famille, mettant en lumière la joie qu'elle trouve dans la vie de famille.

Le chemin de Sinéad dans la maternité n'a pas été sans difficultés. Elle a été franche au sujet de ses luttes contre la dépression post-partum et de comment cela a influencé sa musique. Des chansons comme "No Man's Woman" sur son album "Faith and Courage" parlent de ses luttes pour maintenir son identité face aux attentes sociales de la maternité.

L'impact de la maternité sur la musique de Sinéad est palpable. Cela a ajouté une nouvelle couche de profondeur à ses paroles, emplies de l'amour, de la sagesse et parfois de la douleur d'une mère. Sa musique sert non seulement de phare pour ses fans, mais aussi de lettres intimes à ses enfants, reflétant leurs souvenirs partagés, ses conseils, ses espoirs pour eux et surtout, son amour durable.

"L'Évolution de Sa Voix et de Son Style" - Les chanteurs, tout comme les notes qu'ils produisent, sont dynamiques. Ils oscillent, s'adaptent et évoluent, cherchant à capturer l'ensemble du spectre de l'expérience humaine dans leur art. Sinéad O'Connor, avec une carrière s'étendant sur plus de quatre décennies, a incarné cette évolution de manière profonde. Cette section explore comment sa voix et son style musical ont changé, mûri et évolué au fil des années récentes.

La voix de Sinéad a toujours été captivante dès le début. Sa tonalité magnifiquement troublante dans son single à succès "Mandinka" avait une qualité saisissante et primitive qui exigeait immédiatement l'attention. Cependant, avec le temps, l'habileté vocale de Sinéad est devenue plus nuancée. Sa voix, tout en conservant sa puissance, a acquis une profondeur et une résonance qui ne pouvaient venir que de l'expérience vécue.

Son album de 2000 "Faith and Courage" a été un tournant significatif. Ici, Sinéad a expérimenté avec l'électronique et la pop, montrant sa volonté de se aventurer dans des territoires inexplorés. Cette expérimentation a continué avec ses albums suivants, repoussant toujours les limites, toujours en évolution. Elle était un caméléon, passant sans effort de la pop au reggae en passant par les airs folkloriques irlandais, chaque transition reflétant honnêtement sa croissance artistique.

L'album "Throw Down Your Arms", une collection de reprises de reggae publiée en 2005, a été un autre témoignage de son art en croissance. Ici, la voix de Sinéad dansait sur un rythme différent, adoptant un nouveau genre mais ne perdant jamais sa profondeur et son intensité caractéristiques. Cela montrait comment sa voix était devenue un instrument adaptable, capable de traverser les genres, tout en laissant toujours une empreinte "Sinéad" indélébile.

Dans son album de 2014, "I'm Not Bossy, I'm the Boss", nous avons pu observer une performance vocale encore plus mature et contrôlée. Des morceaux comme "Take Me to Church" et "8 Good Reasons" ont démontré son développement vocal continu, avec une voix plus douce, plus subtile, mais pleine d'émotion brute. Cette évolution était un témoignage de sa volonté d'explorer, de grandir et d'utiliser sa voix comme un instrument d'expression en constante évolution.

Le style de Sinéad, tout comme sa voix, a été en constante évolution. Il est impossible de la cantonner à un seul genre, car elle a exploré la pop, le rock, le folk, le reggae et la musique traditionnelle irlandaise, ajoutant toujours sa saveur unique au mélange. Cette volonté d'explorer a été la marque de fabrique de la carrière de Sinéad, donnant lieu à une discographie éclectique et variée qui reflète les multiples facettes de son esprit.

L'évolution de la voix et du style de Sinéad O'Connor est un voyage, un témoignage de sa passion, de son courage et de son engagement inébranlable envers une expression authentique de soi. À chaque album, à chaque chanson, elle a dévoilé un peu plus d'elle-même, sa voix étant le conduit de son évolution émotionnelle, son style étant le reflet de sa croissance personnelle. À travers sa musique, nous avons eu le privilège d'assister non seulement à l'évolution d'une artiste, mais aussi à l'évolution d'une femme remarquable.

"Regarder vers l'avenir" - L'histoire de Sinéad O'Connor est un récit pas encore pleinement raconté, une mélodie qui a encore de nombreuses notes à chanter. Dans cette dernière partie de notre voyage à travers sa renaissance artistique, nous tournons notre regard vers l'horizon, où le soleil de l'avenir de Sinéad se lève toujours.

À ce stade de sa vie, Sinéad a vu les sommets et les vallées d'une carrière musicale, avec toutes ses victoires et ses luttes, sa joie et son chagrin. Sa musique a fait écho au récit de sa vie, marqué par une honnêteté émotionnelle intense et un désir passionné de justice. Même dans ses moments les plus calmes, ses chansons résonnent avec l'écho de la force inépuisable de l'esprit humain.

Alors, que réserve l'avenir à Sinéad O'Connor, cette âme indomptable enveloppée dans l'étoffe de la musique? Ses projets, comme toujours, sont enracinés dans l'authenticité qui a été l'épine dorsale de sa carrière. Elle prévoit de continuer à créer de la musique qui reflète son parcours, une musique qui, comme elle le dit souvent, est écrite "du cœur pour le cœur".

On parle d'un nouvel album, que Sinéad annonce comme un "retour à ses racines". Il y a un sentiment d'excitation pour ce que cela pourrait signifier. S'agira-t-il d'un retour à l'intensité passionnée et brute de ses premières œuvres ? Ou peut-être reflétera-t-il une exploration renouvelée de la musique traditionnelle irlandaise avec laquelle elle a grandi ?

Sinéad évoque également des collaborations futures, une perspective qui est sans aucun doute excitante pour les fans de ses projets collaboratifs antérieurs. Elle parle avec un éclat dans les yeux de travailler avec de nouveaux artistes et d'explorer des sons uniques qui peuvent propulser sa musique vers des territoires inexplorés.

Pourtant, les aspirations de Sinéad vont au-delà de la musique. Elle mentionne le désir de se plonger dans l'écriture, exprimant l'intérêt d'écrire un livre pour partager son histoire avec ses propres mots. "J'ai vécu une vie riche", dit-elle avec un léger rire, "je suppose que j'ai quelques histoires à partager."

Et en effet, nous sommes tous impatients d'entendre ces histoires. Des récits de résilience, de bravoure, d'un engagement inébranlable envers la vérité et l'authenticité. Si sa musique en est une indication, les projets futurs de Sinéad, que ce soit dans la musique, l'écriture ou l'activisme, continueront de résonner avec la même intensité brute et l'honnêteté passionnée qui ont été les pierres angulaires de sa vie.

En fin de compte, l'avenir de Sinéad O'Connor semble aussi dynamique et vibrant que la femme elle-même. Avec sa remarquable résilience, son authenticité inébranlable et sa voix puissante, nous pouvons être certains que tout ce qui viendra ensuite ne sera rien de moins qu'extraordinaire. L'histoire de Sinéad O'Connor se poursuit, la chanson continue, et nous, son public dévoué, sommes impatients d'écouter.

" Esprit indomptable "

En abordant le dernier chapitre de ce voyage, concentrons-nous sur le présent. Le monde qui nous entoure évolue et change, tout comme l'univers de Sinéad O'Connor, symbole de rébellion musicale, flambeau d'émotion brute et témoignage de la résilience de l'esprit humain.

La vie de Sinéad aujourd'hui est une tapisserie de fils entrelacés, chacun symbolique de son parcours. Le foyer, la foi, la musique ; voici les pierres angulaires de son existence actuelle. Un refuge privé à l'abri des regards, sa maison en Irlande est à la fois un sanctuaire et une source d'inspiration. C'est là qu'elle savoure les joies de la solitude et puise la nourriture nécessaire pour son âme artistique. Tel un écho du passé, les notes musicales dansent encore dans l'air qui l'entoure, leur rythme et leur harmonie une symphonie constante. Le pouls de la musique, persistant et inébranlable, bat au cœur même de sa vie.

La famille fait partie intégrante de son monde. Mère de quatre enfants, ses enfants sont sa force et sa faiblesse, ses plus grands triomphes et son apprentissage le plus profond. Son amour pour eux est une chanson puissante et primordiale qui sous-tend son existence. Chaque note qu'elle chante, chaque mot qu'elle écrit, est le témoignage de cet amour, de cette force implacable qui la façonne, en tant qu'artiste, en tant que femme, en tant qu'être humain. La foi de Sinéad, partie intégrante de son identité, est un autre fil essentiel de cette tapisserie. Sa conversion à l'islam n'a pas été une diversion, mais un retour au foyer. La tranquillité qu'elle trouve dans la prière, la force qu'elle puise dans sa foi, est palpable dans sa vie et sa musique.

C'est son étoile polaire, éclairant son chemin à travers les ténèbres et la guidant vers sa vérité.

La musique, comme toujours, reste sa ligne de vie. C'est son moyen de communication, son outil pour exprimer l'inexprimable. Dans le labyrinthe de mélodie et de rythme, elle trouve clarté et signification. C'est à travers ses chansons qu'elle démêle les complexités de son cœur et dévoile son âme au monde.

La vie de Sinéad O'Connor aujourd'hui est un magnifique mélange de tous ces éléments. C'est une vie vécue en harmonie avec son moi intérieur, authentique sans excuses, profondément résiliente. Ce chapitre de sa vie n'est pas une fin mais une continuation, un témoignage de son esprit indomptable.

Alors que nous plongeons plus profondément dans la tapisserie de la vie de Sinéad, nous nous retrouvons face aux réflexions sur sa carrière - un chemin sinueux peint de hauts et de bas, de triomphes et de défis. Comme le dit le proverbe, la rétrospection est à 20/20, et avec le recul du temps, Sinéad voit maintenant son voyage musical avec une compréhension et une sagesse nouvelles.

Sa carrière a été une véritable odyssée, au sens le plus profond du terme. Il y a eu des moments de haute altitude vertigineuse, où elle se tenait au sommet du monde, sa voix résonnant à travers les continents. Le souvenir de son album révolutionnaire "The Lion and the Cobra" ou de sa reprise en tête des classements de "Nothing Compares 2 U" de Prince brille encore d'une intensité vive. Ce sont les moments où elle était invincible, son talent brut indéniablement sous les feux de la rampe.

Mais comme c'est souvent le cas, ces sommets étaient accompagnés de vallées. Il y a eu des moments où le monde semblait se retourner contre elle, où sa franchise provoquait la controverse, et ses luttes très publiques contre les problèmes de santé mentale la désignaient comme une figure de discorde. De sa fameuse prestation à Saturday Night Live à ses batailles avec la presse à scandales, elle a affronté des critiques qui auraient écrasé d'autres personnes.

Pourtant, face à ces épreuves, la force de Sinead a brillé. Aujourd'hui, elle considère ces défis non pas comme des obstacles, mais comme des pierres de touche qui l'ont façonnée en la femme qu'elle est maintenant. Les controverses ne l'ont pas brisée ; elles l'ont rendue plus forte, enracinant en elle une résilience inébranlable.

Son introspection n'est pas marquée par le regret, mais par l'acceptation. Chaque note chantée, chaque prestation donnée, chaque décision prise, était une partie intégrante de son parcours. Aujourd'hui, elle embrasse son passé, reconnaissant l'impact que chaque expérience a eu sur sa vie et sa perspective.

En effet, la carrière de Sinead O'Connor a été tout sauf conventionnelle. Mais dans ses réflexions, il y a un sentiment de paix, une compréhension. Des échos de son passé, elle tire des leçons et de l'inspiration, chacun étant une note dans la symphonie de sa vie.

Le monde de la musique a peut-être été le champ de bataille sur lequel elle s'est battue, mais il a aussi fourni le rythme auquel elle a dansé. Les hauts et les bas, les joies et les peines, tout culmine en une riche tapisserie d'expériences qu'elle ne troquerait pour rien au monde. Alors que Sinead réfléchit à sa carrière, elle le fait avec un sentiment de fierté, un sourire en coin et un cœur plein de musique.

Alors que nous progressons davantage dans le cœur de l'histoire de Sinead, il est essentiel d'examiner les ondes de choc à portée de sa musique. Comme une pierre jetée dans un étang calme, ses chansons ont agité les eaux de l'industrie musicale et de la culture populaire, créant des vagues qui résonnent encore aujourd'hui.

La musique de Sinead, marquée par son émotion brute et son honnêteté intransigeante, a laissé une empreinte indélébile dans le monde de la musique. Elle s'est démarquée à une époque dominée par la pop et le rock manufacturés, osant être elle-même, refusant de se conformer aux normes de l'industrie. Cette authenticité, associée à sa voix puissante et envoûtante, a résonné auprès d'innombrables individus, influençant une génération d'artistes qui suivraient ses traces.

Des artistes tels qu'Adele, Florence Welch et Lady Gaga ont cité Sinead comme une influence majeure, reconnaissant chacun comment son courage, son talent et son individualisme les ont inspirés. Cette influence est évidente non seulement dans les mélodies et les paroles de ces artistes, mais aussi dans leur approche de la musique et leur volonté d'aborder de front les problèmes sociaux et personnels.

Au-delà du domaine de la musique, l'impact de Sinead se fait sentir dans les contours plus larges de la culture populaire. Ses batailles très publiques avec la santé mentale, les controverses qui l'ont entourée, sa conversion à l'islam et son acceptation de son identité - tout cela a suscité des conversations sur diverses plateformes et contribué au changement d'attitude de la société à l'égard de ces sujets.

Même son apparence - la tête rasée, le regard intense - est devenue une icône de la rébellion, de la non-conformité. Elle a donné un visage à ceux qui ne rentraient pas dans le moule, à ceux qui osaient se démarquer de la foule. L'image de Sinead, la tête rasée et chantant avec passion face à la caméra dans le clip de "Nothing

Compares 2 U", demeure un symbole puissant de vulnérabilité brute et d'individualisme défiant.

En essence, la musique de Sinead a servi de miroir à la société, reflétant sa beauté et ses imperfections, sa force et sa vulnérabilité. Elle a utilisé sa plateforme pour mettre en lumière des problèmes qui lui tenaient profondément à cœur, obligeant les auditeurs et les spectateurs à affronter des vérités inconfortables, à engager des dialogues critiques.

Avec du recul, la musique de Sinead a transcendé au-delà des notes et des paroles. Elle est devenue un phénomène culturel, un phare pour ceux qui se sentaient ignorés et un catalyseur de changement. L'impact de sa musique ne concerne pas seulement le nombre d'albums vendus ou les positions dans les classements ; il s'agit des vies touchées, des artistes inspirés et des changements culturels initiés. Il s'agit des conversations qu'elle a lancées et des barrières qu'elle a brisées. L'impact de la musique de Sinead O'Connor continue de résonner, témoignant de son influence indéniable et de son héritage durable.

L'industrie musicale peut être une chaîne de montage de conformité commerciale, favorisant souvent la commercialisation à l'authenticité. Mais dans cette machine étincelante et bien huilée, Sinead O'Connor a toujours été un carré refusant de s'insérer dans un trou rond. Sa lutte inflexible pour l'authenticité se dresse comme un phare dans une mer d'uniformité, éclairant le chemin pour les artistes cherchant à rester fidèles à eux-mêmes.

Tout au long de sa carrière, l'intégrité intransigeante de Sinead s'est souvent heurtée à la pression de l'industrie pour se conformer. Elle a catégoriquement rejeté l'attente de l'industrie musicale quant à l'apparence qu'une artiste féminine devrait avoir, conservant son look distinctif de tête rasée alors qu'il était loin de la norme. Ce symbole visuel de résistance, un écart significatif par rapport à l'image glamour et souvent sexualisée des artistes féminines, était une déclaration audacieuse d'individualité et d'expression de soi.

Cette défiance s'étendait à sa musique. Son expression artistique n'a jamais consisté à produire des succès en tête des classements, mais à transmettre sa vérité à travers des chansons souvent profondément personnelles et émotionnellement chargées. Elle a rejeté le formaté, le superficiel, choisissant plutôt de plonger dans les profondeurs des émotions humaines brutes, explorant des thèmes tels que l'amour, la douleur, la foi et les questions politiques.

Mais maintenir l'authenticité dans une industrie commerciale avait un coût. Sinead se retrouvait souvent en désaccord avec les dirigeants de maisons de disques, les critiques et même le public. Pourtant, même confrontée à des réactions négatives considérables, elle n'a jamais dévié de son chemin. Son engagement résolu envers son authenticité lui a parfois coûté du succès commercial, mais cela lui a valu quelque chose de bien plus important : un héritage artistique durable et le respect des fans et des artistes collègues.

Peut-être l'une des réflexions les plus poignantes de cette lutte pour l'authenticité a été sa décision de se retirer de l'industrie musicale. Le simple acte de retrait était une affirmation de son refus d'être façonnée par les contraintes de l'industrie, choisissant plutôt de préserver son intégrité artistique.

Cette lutte pour l'authenticité, cette détermination à être fidèle à elle-même, constitue une part essentielle du récit de Sinead. Elle encapsule sa résistance, son courage et son engagement inébranlable envers l'authenticité. Dans un monde qui privilégie souvent l'inauthenticité et l'artificiel, l'histoire de Sinead est un témoignage du pouvoir et de la beauté d'une authenticité sans compromis.

En fin de compte, la musique et la personnalité de Sinead O'Connor servent de rappel durable que l'authenticité ne consiste pas seulement à rester fidèle à soi-même ; il s'agit aussi de remettre en question les normes, de repousser les limites et d'oser être différent. Il s'agit de créer de la musique qui compte, de la musique qui parle à l'âme et ébranle la conscience, indépendamment des pressions commerciales. Cette lutte, cette quête d'authenticité, fait autant partie de l'héritage de Sinead que les mélodies inoubliables de "Nothing Compares 2 U".

La carrière musicale de Sinead O'Connor, éclatante dans sa défiance et ses déclarations audacieuses, est intimement liée à une facette moins visible mais tout aussi remarquable de sa vie : sa lutte contre les problèmes de santé mentale. Avec un courage et une franchise remarquables, Sinead a utilisé sa plateforme pour sensibiliser aux problèmes de santé mentale, partageant ses luttes personnelles et devenant involontairement un phare d'espoir pour d'autres confrontés à des défis similaires.

Sinead a ouvertement et honnêtement partagé sa lutte contre le trouble bipolaire, le trouble de stress post-traumatique et les pensées suicidaires. Ces révélations n'ont pas été sans controverse, car la sphère publique n'est pas toujours accommodante envers une telle honnêteté brute, mais l'impact de sa franchise ne peut être sous-estimé. En brisant le silence, Sinead a contribué à briser la stigmatisation entourant la santé mentale, contribuant à une conversation plus large sur la sensibilisation et l'acceptation de la santé mentale.

Les échos de ses luttes personnelles résonnent profondément dans sa musique. Ses chansons, souvent imprégnées d'une émotion brute et d'une profonde introspection, offrent un aperçu de son parcours en matière de santé mentale. Des paroles sur la douleur, le désespoir, l'espoir et la résilience créent une toile d'émotions humaines qui reflète à la fois son expérience personnelle et apporte du réconfort aux auditeurs qui pourraient faire face à leurs propres défis. La musique de Sinead est devenue un exutoire thérapeutique, non seulement pour elle, mais aussi pour ses fans. C'est un témoignage du pouvoir de la musique en tant que forme de catharsis et de connexion.

La transparence de Sinead concernant ses luttes en matière de santé mentale a laissé une empreinte indélébile sur sa carrière. Elle a façonné sa personnalité publique, influencé sa musique et créé un impact durable sur ses fans et sur l'industrie musicale dans son ensemble. Elle en a fait non seulement une chanteuse, mais une porte-parole de la santé mentale, mettant en lumière le besoin urgent de conversation, de compassion et de compréhension.

Dans le processus, Sinead nous a appris qu'il est acceptable d'être vulnérable, de parler ouvertement de nos luttes et de chercher de l'aide quand nous en avons besoin. Son courage en partageant son parcours sert de rappel puissant que même dans les moments les plus sombres, nous ne sommes pas seuls. Cette honnêteté, ce courage, cette détermination inébranlable à lutter contre les obstacles, sont aussi essentiels à l'identité de Sinead que sa voix puissante et sa musique inoubliable.

L'histoire de Sinead O'Connor ne concerne pas seulement la musique ; elle traite également de la résilience, du militantisme et du pouvoir transformationnel de l'honnêteté. Autant que ses chansons, sa lutte et sa franchise concernant la santé mentale ont creusé un espace pour elle dans les annales de l'histoire de la musique et dans le cœur de ses fans. C'est un témoignage du pouvoir de dire sa vérité, aussi difficile soit-elle, et c'est un héritage tout aussi important que la musique qu'elle a offerte au monde.

Au-delà des mélodies et des paroles qui ont caractérisé sa carrière distinctive, Sinead O'Connor s'est toujours affirmée en tant que fervente défenseure des droits civiques. Sa voix, résonant bien au-delà de sa musique, a amplifié les appels à la justice et à l'égalité, faisant d'elle une figure indélébile dans l'arène de l'activisme social. Avec la même énergie qu'elle investit dans ses ballades passionnées, Sinead a remis en question les normes sociales et a confronté l'injustice, tissant ses idéaux dans la trame de sa personnalité publique.

L'un des exemples les plus frappants de son militantisme est sa croisade de longue date contre les abus envers les enfants. De sa controversée apparition dans l'émission Saturday Night Live en 1992, où elle a déchiré une photo du pape Jean-Paul II en signe de protestation contre la manière dont l'Église catholique gérait les cas d'abus envers les enfants, à ses commentaires continus sur le sujet, Sinead a souligné à maintes reprises son engagement à protéger les droits des enfants.

De plus, elle s'est exprimée en faveur des droits des femmes, utilisant sa plateforme pour défendre l'égalité des sexes. De sa musique à ses déclarations publiques, Sinead a souligné l'importance de l'autonomie et de la liberté des femmes, brisant les stéréotypes et remettant en question le statu quo.

Dans sa patrie d'Irlande, Sinead a soutenu la reconnaissance des partenariats civils pour les couples de même sexe, affirmant que l'amour et le partenariat ne devraient pas être confinés par les normes sociales. Sa position dans ce contexte était un autre témoignage de son désir inné de soutenir ceux en marge de la société.

Avec chaque accord et chaque vers, Sinead a imprégné sa musique de messages de droits civiques et de justice sociale, utilisant son art comme un puissant moyen de communication. Des chansons comme "Black Boys on Mopeds", une critique du racisme systémique, illustrent son dévouement à mettre en lumière les erreurs de la société.

Sans compromis et inébranlable, le militantisme de Sinead O'Connor a imprégné sa carrière, la marquant bien plus qu'une simple musicienne. Elle est une défenseure des sans-voix, une alliée des marginalisés et un phare de courage face à l'adversité. Elle prouve qu'un artiste peut résonner au-delà des salles de concert et des studios d'enregistrement, touchant au cœur de la société et provoquant le changement.

Que ce soit sur scène ou en première ligne des mouvements pour la justice sociale, la voix puissante de Sinead et son esprit infatigable persistent. Pour elle, la lutte pour les droits civils et sa musique ne sont pas des entités distinctes, mais des parties entrelacées de son identité. Chaque accord, chaque note et chaque mot qu'elle chante portent en eux une résonance sous-jacente de son engagement envers l'égalité, ce qui fait d'elle non seulement une artiste, mais un symbole de résilience et de défi contre l'injustice.

Dans l'océan tumultueux de la vie et d'une carrière marquée par des moments extrêmement forts et des creux tout aussi significatifs, Sinead O'Connor a découvert une source de sagesse. Ces leçons ont non seulement façonné sa perspective personnelle, mais elles ont également imprégné sa musique, enrichissant ses paroles du poids et de la profondeur de ses expériences.

La première et la plus profonde de ces leçons a été l'importance de l'authenticité. Tout au long de sa carrière, Sinead a subi des pressions de multiples directions, que ce soit des médias, de l'industrie musicale ou même du public. Pourtant, elle est restée farouchement fidèle à elle-même. Son refus de se conformer aux normes traditionnelles ou de cacher sa véritable personnalité derrière un voile de politesse approuvée par la publicité l'a souvent exposée à la critique, mais cela lui a aussi insufflé un sentiment de force et de caractère authentique qui résonne auprès de ses fans et à travers sa musique.

Liée à cela, il y a la leçon de la résilience. La vie n'a pas été tendre avec Sinead. Elle a fait face à des adversités allant des problèmes de santé mentale aux vives critiques du public. Cependant, chaque défi qu'elle a rencontré n'a fait que renforcer sa détermination. Elle est devenue un témoignage vivant de l'idée que l'on peut endurer, s'adapter et grandir même à partir des épreuves les plus dures que la vie présente.

Une leçon fondamentale de son parcours a été le rôle du pardon. Qu'il s'agisse du pardon envers ceux qui lui ont causé de la douleur ou envers elle-même pour ses propres échecs perçus, le voyage de guérison et d'acceptation de Sinead est un thème crucial qui résonne dans le récit de sa vie. Cette perspective a dépassé sa sphère personnelle et s'est glissée dans sa musique, conférant à ses chansons une résonance émouvante qui évoque des expériences humaines universelles de douleur, de regret et finalement, de pardon.

Une autre leçon vitale que Sinead a assimilée tourne autour de l'importance de la santé mentale. Ses combats contre la dépression et les traumatismes lui ont appris l'importance de rechercher de l'aide et de prendre soin de son bien-être émotionnel et psychologique. Elle a étendu cette leçon à ses fans, utilisant souvent sa plateforme pour souligner l'importance de la santé mentale et pour éradiquer la stigmatisation qui l'entoure.

Enfin, sa foi lui a accordé une perspective unique sur le monde et l'a aidée à apprendre à trouver la paix et le réconfort dans la spiritualité. Cette leçon a non seulement eu un impact sur sa vie personnelle, mais elle a également influencé de manière significative sa musique, apportant une dimension spirituelle à son travail rare dans la musique populaire.

Chacune de ces leçons a joué un rôle déterminant dans la manière dont Sinead s'est façonnée en personne et en artiste aujourd'hui. Elles se sont gravées dans sa musique, se révélant dans ses paroles puissantes et ses mélodies émouvantes. Ces leçons de vie, nées d'une vie vécue avec une intensité totale, servent de profonds courants sous-jacents dans sa musique et le récit de sa vie, créant un lien inextricable entre la personne qu'est Sinead O'Connor et la musique qu'elle crée.

La relation de Sinead O'Connor avec la foi a été un fil profondément tissé tout au long de la tapisserie de sa vie. Son influence sur elle, en tant qu'individu et artiste, a été profonde et aux multiples facettes. Comme une rivière qui coule et façonne le paysage au fil du temps, sa foi a sculpté sa philosophie personnelle, et par extension, son odyssée musicale.

De ses premières années imprégnées de la tradition catholique à sa conversion à l'islam en 2018, le voyage spirituel de Sinead a été aussi varié et dynamique que sa musique. Elle a souvent été attirée par le mystique, trouvant la beauté et l'inspiration dans les enseignements de multiples croyances. Chacune d'entre elles a été une lanterne, projetant sa lumière sur son chemin et illuminant différentes facettes de sa compréhension du monde.

Sa relation avec la foi n'a jamais été une acceptation aveugle. Sinead, à sa manière caractéristique, a toujours remis en question, sondé et cherché à comprendre des significations plus profondes. Elle n'a pas peur de remettre en question les normes religieuses, cherchant constamment le noyau de vérité et la connexion personnelle sous les oripeaux de la religion organisée. Cette aspiration à une connexion spirituelle authentique l'a conduite à transcender les limites d'une seule foi, puisant dans les puits de sagesse de nombreuses croyances.

Cette exploration spirituelle vibrante a incontestablement teinté sa musique. L'appel passionné dans "Take Me to Church", le ton révérencieux dans "Psalm 33", ou la vulnérabilité brute dans "Faith and Courage", chacun est un écho de son voyage spirituel. À travers ses chansons, elle invite ses auditeurs à voyager avec elle, à partager ses questions, ses doutes, ses révélations et finalement, sa foi.

Sa conversion à l'islam, devenant Shuhada' Davitt, a été une autre étape importante de cette odyssée spirituelle. Pourtant, ce n'était pas un renoncement à ses explorations spirituelles passées, mais une continuation, une autre couche ajoutée au palimpseste de sa foi. En embrassant l'islam, elle a trouvé une résonance, un reflet des vérités spirituelles qu'elle recherchait.

Aujourd'hui, la foi demeure un phare dans la vie de Sinead. Elle la guide à travers ses heures les plus sombres, nourrit ses feux créatifs et offre du réconfort dans ses moments solitaires. Elle continue d'être un thème récurrent dans sa musique, servant à la fois d'inspiration et de réconfort. L'essence spirituelle de Sinead O'Connor est indissociable de sa musique, résultant en une relation symbiotique où chacun informe et enrichit l'autre. Le voyage de sa foi, tout comme sa musique, est un témoignage de sa quête d'authenticité, de vérité et de connexion personnelle - un voyage qui continue d'évoluer, d'inspirer et d'intriguer.

La maternité est un voyage rempli de transformations profondes, d'émotions puissantes et de moments cruciaux d'introspection, et pour Sinead O'Connor, il n'en a pas été autrement. Avec quatre enfants - Jake, Roisin, Shane et Yeshua - chacun laissant leur empreinte unique dans son cœur, la maternité a été un pilier de la vie de Sinead, la façonnant à la fois en tant que personne et artiste.

Quand on regarde Sinead O'Connor en tant que mère, on voit une femme qui est farouchement protectrice et incroyablement aimante. Ses enfants sont son sanctuaire, sa source d'amour infini, de joie et parfois de chagrin. Ils ont apporté une profondeur émotionnelle et une expérience à sa vie qui ont résonné puissamment dans sa musique. Des chansons comme "Three Babies" et "The Wolf is Getting Married" nous donnent un aperçu de cette facette profondément personnelle de sa vie, enveloppée dans le manteau de son lyrisme poétique et de ses mélodies émouvantes.

Être mère a signifié naviguer dans l'équilibre délicat entre sa vie publique en tant qu'artiste et sa vie privée en tant que parent. Cela a nécessité des sacrifices, des compromis et parfois des décisions difficiles. L'industrie de la musique, avec ses horaires et ses exigences incessantes, peut souvent être en contradiction avec les rythmes nourrissants de la parentalité. Mais Sinead, avec son esprit indomptable, s'est continuellement efforcée de rester ferme, de trouver de l'espace pour sa famille au milieu du tourbillon de sa carrière.

La maternité a également ajouté une autre dimension à sa compréhension du monde. Elle a approfondi son empathie et aiguisé sa conscience sociale. Elle a nourri son plaidoyer pour la santé mentale et les droits des enfants, prêtant une urgence personnelle à son activisme. C'est comme si ses enfants avaient ouvert une source d'instinct maternel qui s'étend au-delà de sa propre famille, se répandant dans le monde entier.

Mais peut-être l'impact le plus profond de la maternité sur Sinead a-t-il été son influence sur son processus artistique. Ses enfants ont été sa muse et sa mélodie, leurs vies s'entremêlant avec la sienne pour inspirer une multitude d'expressions musicales. La crudité de son amour pour eux, la peur, l'espoir, l'immense désir de les protéger - tout cela a trouvé une voix dans ses chansons. Ils ont apporté une authenticité et une profondeur émotionnelle à sa musique qui ont touché le cœur des auditeurs du monde entier.

À bien des égards, la maternité et la musique ont été des fils entrelacés dans la riche tapisserie de la vie de Sinead. Elles l'ont façonnée, mise au défi et inspirée. À travers le prisme de la maternité, la musique de Sinead a pris une résonance qui s'étend, comblant le fossé entre l'artiste et l'auditeur, touchant aux vérités universelles de l'amour, du sacrifice et de l'esprit indomptable de l'amour d'une mère.

À travers toutes les épreuves et les triomphes, la seule constante qui perdure est son dévouement inébranlable envers ses enfants, un amour qui résonne profondément dans chaque accord, chaque note et chaque mot qu'elle partage avec le monde.

Le fleuve du temps coule inlassablement, emportant avec lui nos rêves, nos ambitions et les récits toujours en évolution de nos vies. En scrutant la boule de cristal des aspirations futures de Sinead O'Connor, nous discernons une figure qui, malgré les tourbillons de son passé, reste imprégnée d'un sens durable de l'espoir, d'un goût pour la vie et d'un engagement inébranlable envers son art.

Sinead n'a jamais été du genre à éviter d'explorer de nouveaux territoires, qu'ils soient musicaux, personnels ou spirituels. Son avenir ne fait pas exception. Sur le plan musical, elle reste aussi dévouée et passionnée que jamais, considérant son métier non seulement comme une carrière mais comme une partie intrinsèque de son être même. Elle parle d'explorer de nouveaux genres musicaux, d'expérimenter différents styles et de continuer à évoluer en tant qu'artiste. Cependant, tout en restant ouverte à de nouvelles expériences, sa musique conservera sans aucun doute sa sincérité caractéristique, son honnêteté inébranlable et son pouvoir captivant.

Les projets futurs de Sinead ne se limitent pas au domaine musical. Il y a aussi un sentiment de regarder vers l'intérieur, un désir de poursuivre la découverte de soi et la croissance spirituelle. Elle parle d'approfondir sa foi, d'explorer différentes formes de méditation et de pleine conscience, et de continuer à suivre son chemin de guérison personnelle. C'est une femme qui, ayant traversé des mers agitées, cherche à s'ancrer dans la tranquillité et la sagesse.

Son engagement envers sa famille reste inébranlable. En regardant vers l'avenir, elle envisage de passer du temps de qualité avec ses enfants et petits-enfants, partageant avec eux son amour pour la musique, sa spiritualité profonde et sa riche tapisserie d'expériences de vie. Elle parle de leur transmettre les valeurs qui l'ont guidée - l'authenticité, le courage, l'empathie et le pouvoir du pardon.

L'activisme de Sinead continuera également à façonner son avenir. Elle prévoit de continuer à militer pour la sensibilisation à la santé mentale, la protection de l'enfance et la justice sociale. Ses expériences lui ont offert une voix qui résonne au-delà des limites de l'industrie musicale, et elle cherche à utiliser cette voix pour provoquer des changements positifs dans la société.

En envisageant l'avenir de Sinead O'Connor, nous sommes confrontés à une image qui témoigne de sa résilience, de sa force et de sa passion indéfectible. Il reste encore d'autres chapitres à écrire dans son histoire de vie extraordinaire, plus de musique à créer, plus de combats à mener et plus de sagesse à puiser. Comme elle l'a elle-même déclaré, "Je n'en ai pas encore fini." Son avenir, tout comme elle, reste indompté, plein de potentiel et incroyablement, irrévocablement, Sinead.

Luisa Dulac

Sinead O'Connor - un récit entrelacé de fils de beauté et de douleur, et les émotions humaines intenses qui se trouvent en dessous. Son histoire n'est pas une simple biographie, mais un voyage au plus profond du cœur de cette remarquable femme irlandaise, aussi brut que les vents de l'Atlantique, aussi obsédant que les anciennes mélodies celtiques.

La vie de Sinead, tout comme sa musique, a toujours été caractérisée par une passion profonde et un fervent engagement. Née dans un monde de talent créatif et dans une nation imprégnée de traditions mélodieuses, elle était destinée à faire résonner sa vérité dans le monde. Cependant, ce voyage n'a pas été sans épreuves. Ce n'est pas un récit peint en nuances de clarté et de légèreté, mais une vie vécue dans les riches et complexes couleurs de la tristesse, de la défiance, du courage et de la résilience.

Imaginez la jeune Sinead, vulnérable, née dans un monde qui ne la comprenait pas complètement, mais dotée d'une voix capable de faire pleurer les cieux. Sa vie à la maison était difficile, teintant ses premières années de couches de difficultés qui façonneraient sa vie, sa voix, sa musique. Pourtant, c'était sa force à endurer de telles épreuves qui témoigne de son esprit inébranlable.

Elle n'était pas simplement une victime des circonstances. Chaque cicatrice gravée dans son récit de vie était une note dans la symphonie de son existence. Chaque lutte qu'elle a affrontée, chaque controverse qu'elle a endurée et chaque bataille qu'elle a livrée ont façonné la mélodie de sa vie. Ce n'était pas une sérénade paisible, mais une composition déchirante de résilience.

Comme le phénix celtique, elle est sortie des cendres de sa douleur, la canalisant dans une musique qui résonnait avec l'âme de l'auditeur. Chaque note, chaque paroles, portaient le poids de ses expériences. La même âme qui avait connu la souffrance comprenait aussi la beauté de la résilience. Elle a canalisé ses sentiments dans son travail, transformant la douleur en art, les tragédies personnelles en hymnes universels de l'esprit humain.

Ce récit n'est pas simplement celui de Sinead O'Connor l'artiste, l'icône, la provocatrice. Il s'agit de Sinead l'être humain, qui a vécu le spectre des émotions humaines - joie, tristesse, colère, amour - avec une intensité qui se reflétait dans son art. À travers elle, nous voyons le pouvoir transformateur de la vulnérabilité, la capacité humaine à guérir et à se relever, la beauté brute de l'authenticité.

Alors que nous plongeons plus profondément dans les différentes étapes de la vie de Sinead, nous ne le faisons pas en tant que simples observateurs, mais en tant que compagnons empathiques qui cheminent avec elle. Elle n'est pas un objet de scrutins, mais un miroir reflétant nos propres forces et faiblesses humaines. Elle nous enseigne que nos luttes ne nous définissent pas, mais plutôt comment nous les affrontons et les transformons en force qui nous définit réellement.

C'est l'histoire d'une femme extraordinaire, vivant une vie humaine ordinaire, sous l'objectif extraordinaire de la célébrité. À travers ce récit, nous visons à humaniser son histoire, permettant au lecteur de se connecter avec elle, non seulement en tant qu'artiste, mais en tant qu'être humain. Nous tissons son récit, en nous concentrant sur l'essence de son esprit, la pureté de ses luttes et la beauté de sa résilience. Dans ce récit, Sinead O'Connor n'est pas une victime ; elle est une survivante, une artiste et, par-dessus tout, une source d'inspiration.

Sa guerre contre les abus sur mineurs de l'Église

La lutte de Sinead O'Connor contre les abus sur mineurs perpétrés par l'Église fait partie intégrante du récit de sa vie, une histoire empreinte de courage, de ténacité et d'un profond sens de la justice. Femme profondément empathique, elle ne s'est pas contentée de reconnaître la douleur des victimes ; elle a pris sur elle d'être leur voix, leur défenseure, leur flambeau d'espoir.

La première confrontation notable de Sinead avec l'Église a eu lieu dans la sphère publique en 1992 lors d'une performance à l'émission Saturday Night Live (SNL). À la télévision en direct, elle a interprété a cappella la chanson "War" de Bob Marley, modifiant les paroles pour faire référence aux abus sur mineurs plutôt qu'au racisme. À la fin de la chanson, elle a brandi une photo du pape Jean-Paul II, l'a déchirée en morceaux et a déclaré : "Luttez contre le véritable ennemi". Ce geste puissant et provocateur a stupéfié le monde, suscitant à la fois des critiques et des éloges. Mais derrière la controverse, le symbole était clair : l'Église devait reconnaître ses péchés. Ce moment n'est pas simplement un souvenir scandaleux d'une icône de la culture pop ; c'est un moment poignant dans la lutte d'une femme contre un système oppressif. Sinead n'était pas motivée par une vendetta personnelle, mais par de l'empathie envers les victimes innocentes et un esprit indomptable de justice.
Les actions de Sinead à la SNL étaient en avance de plusieurs années sur la reconnaissance plus large et la prise de conscience publique de ces problèmes. Les scandales d'abus sur mineurs de l'Église ont été plus largement mis en lumière que quelques années plus tard.

Cette lutte était dirigée non seulement contre les abus de l'Église, mais aussi contre le refus de la société de les reconnaître et de les confronter. Elle est devenue une voix précoce dénonçant ce grave problème, une voix de défiance et de vérité qui a refusé d'être réduite au silence par la pression sociale.

Sa bataille a continué alors qu'elle utilisait sa musique et sa plateforme publique pour maintenir l'attention sur cette question urgente. Malgré les critiques et l'isolement auxquels elle a fait face, Sinead est restée inébranlable, incarnant un esprit de résilience aussi inspirant que touchant. Elle ne se contentait pas de souligner le problème ; elle s'est mobilisée contre lui, exigeant des comptes et du changement.
Sa chanson "Take Off Your Shoes" est un exemple illustratif de cette bataille en cours. Les paroles sont une critique véhémente de la manière dont l'Église gère les abus sur mineurs, un cri de douleur pour l'innocence perdue et une demande de justice.

Pourtant, cette bataille a eu un impact sur elle. Les critiques auxquelles elle a dû faire face, l'isolement et le poids émotionnel de porter un tel fardeau étaient lourds. Pourtant, même au milieu de difficultés personnelles, sa détermination à lutter pour la justice n'a jamais fléchi.
En examinant ce chapitre de la vie de Sinead, nous ne voyons pas seulement une artiste, mais une femme d'une force et d'une intégrité incroyables. Elle incarnait la figure empathique qui prenait les douleurs des autres comme les siennes, combattant sans crainte une institution colossale pour le bien des sans-voix.
La guerre de Sinead contre les abus sur mineurs de l'Église est un témoignage de son caractère, de son

courage inébranlable et de sa profonde empathie. Sa vie sert de témoignage au pouvoir transformateur de la douleur en un cri de ralliement pour la justice, une leçon de résilience face à l'adversité et un exemple de courage face à des systèmes oppressifs.

Dans ce récit, Sinead O'Connor est plus qu'une survivante. C'est une guerrière, non seulement pour elle-même, mais pour ceux qui ne pouvaient pas se battre pour eux-mêmes. Elle nous apprend que parfois, les chansons les plus puissantes ne parlent pas d'amour ou de perte, mais de justice et de changement.

L'un des moments les plus décisifs et controversés de la vie de Sinead O'Connor s'est déroulé lors d'un épisode de Saturday Night Live en 1992, où elle a déchiré une photo du pape Jean-Paul II en direct à la télévision. Cet incident illustre la profondeur de ses convictions, l'intensité de ses émotions et sa témérité face aux critiques.

L'action de déchirer la photo du pape n'était pas un geste impulsif, mais une déclaration symbolique née d'un profond sentiment de douleur et d'indignation. C'était son cri contre les abus systémiques sur les enfants au sein de l'Église catholique, une institution qu'elle estimait avoir échoué à protéger ses membres les plus vulnérables. C'était un appel à la responsabilité et au changement, d'une institution qu'elle croyait détenir trop de pouvoir et s'être égarée.

Les actions de Sinead cette nuit-là étaient une déclaration publique de guerre contre les maux qu'elle voyait, un emblème visuel frappant de sa lutte contre les abus systémiques. Cependant, l'acte a été largement mal compris, et elle a immédiatement été soumise à de vives critiques de nombreuses parties, dont les médias, les personnalités publiques et les fans. Beaucoup de gens ont interprété ses actions comme une offense à leur foi, plutôt que comme une accusation d'abus institutionnels.

Sa participation à SNL, à ce jour, reste l'un des moments les plus spectaculaires de l'histoire de la télévision en direct. Et bien qu'il ait suscité des condamnations, il a également déclenché une conversation, un dialogue qui est un aspect crucial de la croissance et du changement.

Face aux critiques croissantes, Sinead est restée inflexible. Les répercussions ne l'ont pas découragée ; elles ont renforcé sa détermination à lutter pour la cause en laquelle elle croyait passionnément. Bien qu'elle ait subi des conséquences graves, dont une importante baisse de popularité, elle n'a jamais regretté ses actions. Elle était guidée par une boussole morale claire, une âme profondément empathique qui ne pouvait supporter l'injustice. Dans ses interviews ultérieures, elle a expliqué ses actions lors de cette fameuse nuit. Elle a parlé de la douleur des victimes, de son indignation face aux dissimulations et de sa déception envers l'Église. À travers ses mots, on peut entrevoir l'empathie sincère et le fort sens de la justice qui ont motivé ses actions.

Cet incident dresse un portrait vivant du caractère de Sinead - son courage, sa ténacité, son honnêteté radicale et son profond sens de la justice. C'est un témoignage de son engagement inébranlable envers ses convictions, même face à une condamnation généralisée et à des pertes personnelles. Cet épisode n'était pas seulement un moment de défiance, mais un témoignage monumental de sa force intérieure et de son courage moral. La Sinead O'Connor qui se tenait sur la scène de SNL cette nuit-là n'était pas seulement une artiste, mais un être humain profondément touché par la souffrance d'autrui. En déchirant la photo du pape Jean-Paul II, elle montrait au monde son cœur, saignant pour les victimes d'abus et criant justice. Ce chapitre de la vie de Sinead nous enseigne le pouvoir et le coût de défendre ses convictions. C'est une histoire de transformation de la douleur personnelle en activisme public, du courage nécessaire pour remettre en question les institutions puissantes et de la résilience pour affronter les répercussions. Dans le récit de Sinead O'Connor, elle apparaît comme une figure de force empathique, farouche dans ses convictions, sans excuses dans ses actions et constante dans sa quête de justice.

"Combattez le véritable ennemi" Que signifie cette déclaration pour vous ?

Le moment tristement célèbre de Sinead O'Connor lors de l'émission Saturday Night Live en 1992, où elle a déchiré une photographie du pape Jean-Paul II et imploré le monde de "combattre le véritable ennemi", a été un point de contention et de controverse massif. Beaucoup l'ont vu comme un acte choquant de manque de respect, entraînant une vague de critiques publiques et même des répercussions professionnelles. Cependant, à travers le prisme de l'histoire et avec une compréhension des expériences personnelles de Sinead, cette action prend une signification profonde et met en lumière son courage et son engagement à lutter contre les abus institutionnels. La phrase "combattre le véritable ennemi" a résonné puissamment à ce moment-là. Pour Sinead, le "véritable ennemi" n'était pas une figure individuelle, mais plutôt le système de pouvoir et de contrôle qui permettait les abus systémiques et leur dissimulation. Née et élevée en Irlande, un pays profondément lié au catholicisme, Sinead connaissait trop bien l'influence de l'Église et les conséquences dévastatrices de ses méfaits.

En déchirant la photographie du pape, elle faisait une déclaration audacieuse contre la longue histoire d'abus sur les enfants de l'Église catholique, un crime qui, à l'époque, était largement dissimulé au public. Cette action n'était pas une attaque contre la foi, mais plutôt une protestation contre la corruption et un appel à la responsabilité. Elle se levait pour les victimes réduites au silence, mettait en lumière un problème caché et exigeait justice.

Lorsque le scandale généralisé des abus sur les enfants au sein de l'Église catholique a finalement été révélé, il a révélé un schéma généralisé d'exploitation et de dissimulations. Cela a validé la protestation de Sinead et a donné un contexte glaçant à ses actions. Avec du recul, Sinead était une lanceuse d'alerte, utilisant courageusement sa plateforme pour mettre en lumière les problèmes systémiques profondément enracinés de l'Église.

Malgré les répercussions sévères de ses actions, y compris son ostracisme par l'industrie musicale et les mépris publics, Sinead est restée fidèle à ses convictions. Son combat et la force dont elle a fait preuve pour lutter contre les abus de l'Église offrent un exemple puissant de son dévouement à la vérité, même au prix de sacrifices personnels importants.

À travers ce prisme, nous pouvons voir Sinead O'Connor non pas comme une figure controversée, mais comme une brave défenseure qui lutte contre les abus institutionnels. Elle cherchait à révéler une vérité inconfortable, à défendre ceux dont les voix avaient été réduites au silence. Son histoire est un témoignage puissant de l'importance de défendre ses convictions et de lutter contre l'injustice, même si cela signifie faire face au mépris public et aux sacrifices personnels.

L'histoire lui a donné raison
Les scandales de pédophilie
de l'Église ont été révélés.

Des années après que Sinead O'Connor ait courageusement exprimé ses accusations contre l'Église, un moment décisif est arrivé lorsque le Pape a rédigé une lettre d'excuse à l'Église en Irlande, validant finalement les affirmations d'O'Connor. Ce moment a des implications psychologiques significatives, notamment en ce qui concerne les concepts de validation, de justice et de clôture.

En tant que psychologue, je peux témoigner que la validation de ses expériences, particulièrement après avoir enduré des périodes de doute et de dénigrement, peut avoir un impact profond sur le bien-être émotionnel d'une personne. Elle peut servir d'antidote puissant aux sentiments d'isolement et aux effets désorientants de ce que l'on appelle souvent le "gaslighting", où une personne est amenée à remettre en question sa propre perception de la réalité en raison du déni persistant ou du rejet constant par les autres.

Lorsqu'O'Connor a déchiré la photo du Pape en direct à la télévision, elle n'engageait pas simplement un acte de rébellion ; elle donnait une voix à sa propre souffrance et à celle de nombreux autres qui avaient été réduits au silence. Pendant des années, ses actions ont suscité des réactions négatives et l'ostracisme, même si la vérité de ses déclarations restait non reconnue par les autorités de l'institution qu'elle contestait. Par conséquent, la lettre d'excuse du Pape peut être considérée comme un tournant significatif dans le récit personnel d'O'Connor. C'est une reconnaissance publique qu'elle avait bel et bien raison dans ses accusations. Cela confirme que sa dissidence, qui a entraîné des coûts personnels considérables, était enracinée dans la vérité. Cette validation peut être incroyablement guérissante, en particulier pour quelqu'un qui a enduré le tribut psychologique de l'examen public, de la diabolisation et du rejet.

Les excuses portent également le poids de la justice, bien que tardive. Pour O'Connor, et pour beaucoup d'autres qui ont dénoncé les abus institutionnels, une reconnaissance formelle de la part de l'institution elle-même est une forme de justice. C'est une admission des torts commis, même si cela ne peut pas annuler les préjudices causés. Le sentiment de justice, bien que peut-être incomplet, peut être profondément cathartique.

Enfin, cette reconnaissance publique peut apporter un sentiment de clôture. C'est une reconnaissance formelle de la vérité qu'elle a longtemps affirmée, marquant la fin d'un chapitre spécifique de la narration de sa vie. Cela n'efface pas la douleur ni le traumatisme, mais cela peut fournir un sentiment d'achèvement, ouvrant la voie pour qu'elle se concentre davantage sur son parcours de guérison. En résumé, la lettre d'excuse du Pape à l'Église en Irlande n'est pas seulement une note de bas de page dans la vie de Sinead O'Connor ; c'est un témoignage de sa force, de sa résilience et de son engagement envers la vérité. Malgré les critiques sévères et les graves répercussions personnelles auxquelles elle a fait face, O'Connor est restée fidèle à ses convictions. La validation de ses affirmations, symbolisée dans cette lettre, met en lumière son courage et son intégrité dans une bataille qu'elle a en grande partie menée seule. C'est un puissant rappel du pouvoir de dire sa vérité, de l'importance de la responsabilité et du potentiel de guérison même face à d'énormes adversités.

Les abus mentaux et psychologiques de la mère, une extrémiste catholique.

Les premières années de Sinead O'Connor ont été marquées par un environnement familial aussi complexe et tumultueux que le paysage émotionnel qu'elle allait naviguer plus tard en tant qu'adulte. Née au sein d'une famille profondément catholique, presque extrémiste, elle a été élevée dans le strict respect des directives religieuses, un facteur qui influencerait considérablement sa perspective et sa musique.

Cependant, sous le voile sévère de la discipline religieuse se cachait un courant plus sinistre. La relation de Sinead avec sa mère était chargée de tension, une danse entre amour et peur, soumission et défiance. Sa mère, fervente catholique, utilisait sa religion comme une épée et un bouclier, dictant le rythme de leur vie domestique d'une main de fer. Sinead était soumise aux croyances et pratiques religieuses extrêmes de sa mère, qui frôlaient souvent le fanatisme.

Cette interprétation fanatique de la foi, associée aux abus mentaux et émotionnels infligés par sa mère, a jeté une ombre longue et persistante sur l'enfance de Sinead. C'était un environnement caractérisé par la peur, l'anxiété et une discipline sévère, où la frontière entre piété et abus était souvent floue.

Malgré la dureté et la rigidité de son éducation, ou peut-être à cause d'elle, Sinead a développé une résilience farouche et un puissant sentiment de soi. Ses expériences sous le toit oppressant de sa maison familiale ont éveillé en elle un sens aigu de l'empathie, une conscience aiguisée de l'injustice et un esprit rebelle qui refusait d'être dompté.

Ses expériences à la maison formeraient plus tard la base de sa critique contre la religion institutionnalisée, surtout lorsqu'elle a constaté des schémas similaires d'abus et d'hypocrisie au sein de l'Église. En quelque sorte, ses expériences personnelles d'oppression lui ont offert un prisme unique à travers lequel elle pouvait voir et critiquer les défaillances systémiques des institutions religieuses.

Les abus psychologiques et émotionnels que Sinead a subis aux mains de sa mère lui ont inculqué une compréhension profonde de la douleur et de l'injustice. Cela lui a donné une voix, une voix brute et non filtrée qui ne serait pas réduite au silence, qui chantait des chansons de protestation, de douleur et finalement, de survie. Ses chansons sont devenues sa thérapie, son échappatoire et sa plateforme pour le changement. Dans sa musique, nous pouvons entendre les échos d'un passé douloureux, le cri pour la justice et la résilience d'une femme qui a réussi à transformer sa souffrance en une force pour le changement.

La lutte de Sinead et sa résilience conséquente mettent en lumière le traumatisme psychologique souvent invisible infligé par l'éducation abusive. C'est un témoignage de son esprit que malgré les tourments émotionnels qu'elle a endurés, elle a réussi à canaliser ses expériences en une force puissante de transformation sociale et personnelle.

Sa vie, aussi tumultueuse et dramatique qu'elle ait été, sert de rappel puissant des effets profonds des expériences de l'enfance sur notre développement. Le fait qu'elle ait pu transformer sa souffrance personnelle en une source de force et d'inspiration est un témoignage de sa résilience incroyable. Dans le récit de la vie de Sinead O'Connor, elle émerge comme une figure de force, une survivante qui a appris à utiliser son passé comme une plateforme de changement, plutôt que comme une prison de regrets.

La vie de Sinead O'Connor nous enseigne le pouvoir transformateur de l'art, la résilience de l'esprit humain et la capacité de canaliser la douleur personnelle en un appel universel à la justice. Son histoire est un témoignage de la force des survivants partout et une source d'inspiration pour ceux qui cherchent à transformer leur souffrance personnelle en une force de changement.

"Nothing Compares 2 U", interprété le plus célèbrement par Sinead O'Connor, est une chanson originellement écrite et composée par Prince. La chanson est devenue un succès mondial en 1990 lorsque O'Connor a sorti sa version, qui a éclipsé l'originale en popularité. La profondeur et la sincérité de la performance d'O'Connor ont résonné auprès du public du monde entier, propulsant la chanson en tête des classements dans plusieurs pays. Sa version émouvante, associée au vidéoclip émotionnel, a laissé une empreinte indélébile, en faisant un hymne de chagrin d'amour.

En examinant les paroles, "Nothing Compares 2 U" semble être à la surface une chanson sur la perte et le chagrin d'amour. Elle décrit la fin d'une relation amoureuse et la lutte du protagoniste pour avancer. Les paroles explorent le vide et la mélancolie qui suivent une rupture, avec des lignes telles que "It's been so lonely without you here, like a bird without a song."

Mais si nous plongeons plus profondément dans les paroles, la chanson fait plus que se lamenter sur un amour perdu ; elle présente une exploration universelle du deuil, de la perte et du désir. Elle capture l'expérience de manquer quelqu'un au point que rien d'autre ne puisse combler ce vide, un sentiment qui est encapsulé dans le refrain, "Nothing compares 2 U." C'est le cœur émotionnel de la chanson et ce qui a probablement résonné avec tant de personnes à travers le monde.

De plus, il y a un sentiment palpable de désir et de regret qui sous-tend les paroles. Le protagoniste reconnaît le rôle qu'il a joué dans la dissolution de la relation, admettant, "I know that living with you baby was sometimes hard, but I'm willing to give it another try." Cette introspection ajoute une autre dimension au paysage émotionnel de la chanson, montrant que le chagrin d'amour ne concerne pas seulement le manque de l'autre personne, mais aussi la confrontation avec ses propres lacunes.

Entre les mains de Sinead O'Connor, "Nothing Compares 2 U" est devenue bien plus qu'une chanson ; elle est devenue un déversement émotionnel. Sa version a mis en lumière le noyau émotionnel brut et authentique de la chanson. Cette authenticité est encore renforcée dans le vidéoclip, où la prestation d'O'Connor est si chargée émotionnellement que des larmes coulent sur son visage. Il convient également de noter que les expériences personnelles de Sinead ont probablement influencé son interprétation de la chanson. Étant donné sa vie personnelle tumultueuse, y compris ses expériences d'abus émotionnel et de luttes en matière de santé mentale, il n'est pas exagéré de suggérer qu'elle a apporté une partie de sa propre douleur et de sa résilience dans sa performance.

Dans le récit global de la vie et de la carrière de Sinead O'Connor, "Nothing Compares 2 U" se distingue comme un témoignage de sa capacité à canaliser l'émotion brute dans sa musique. Elle illustre sa capacité unique à transformer une chanson sur le chagrin d'amour en une exploration universelle de la perte, du désir et de la résilience.

À travers ce prisme, nous pouvons voir que Sinead O'Connor n'est pas seulement une chanteuse, mais une artiste qui utilise sa voix et ses expériences pour communiquer des expériences humaines universelles. Sa version de "Nothing Compares 2 U" est un témoignage de sa force et de sa profondeur émotionnelle, résonnant auprès des auditeurs en raison de son honnêteté intransigeante et de sa vulnérabilité brute.

Dans le domaine de la culture populaire, peu de voix ont résonné de manière aussi unique et puissante que celle de Sinead O'Connor. Avec son talent vocal distinctif, son écriture de chansons captivante et son plaidoyer franc, Sinead s'est taillé une place dans la conscience collective en tant que voix pour les sans-voix. Sa vie publique a été définie non seulement par sa musique, mais aussi par sa volonté de dire sa vérité, souvent en défiance des normes et des attentes sociales.

Son éducation tumultueuse, marquée par les abus et les difficultés, a forgé un esprit résilient chez Sinead. Cet esprit, associé à un profond sens de l'empathie, l'a motivée à utiliser sa plateforme pour éclairer des problèmes difficiles. Par exemple, l'ouverture de Sinead concernant ses luttes personnelles avec la santé mentale a attiré l'attention sur un sujet souvent entouré de stigmatisation et de mécompréhension. En partageant ses propres expériences, elle a donné une voix aux millions de personnes dans le monde qui luttent contre des problèmes similaires.

Peut-être surtout, l'activisme de Sinead contre les abus sur mineurs au sein de l'Église catholique en a fait une défenseure vocale pour ceux qui ne peuvent pas s'exprimer. En utilisant sa plateforme pour lutter contre cette institution puissante, elle a donné une voix à d'innombrables victimes qui avaient été réduites au silence ou ignorées. Sa performance de l'émission Saturday Night Live en 1992, où elle a déchiré une photo du Pape Jean-Paul II, a été une déclaration publique contre les abus de l'église. Même si elle a fait face à de vives critiques, ses actions ont suscité une conversation nécessaire et attiré l'attention sur un problème que beaucoup craignaient ou ne pouvaient pas affronter.

Dans sa musique, Sinead donne une voix à l'éventail complet des émotions humaines, des profondeurs du chagrin aux sommets de l'extase spirituelle. Son plus grand succès, "Nothing Compares 2 U", par exemple, est un témoignage du pouvoir brut de la vulnérabilité dans l'art. La chanson, associée à sa vidéo emblématique, a encapsulé l'expérience universelle du désir et de la perte, résonnant auprès des auditeurs du monde entier.

Tout au long de sa carrière, Sinead a constamment défendu les déshérités et a défendu ses convictions, quelles qu'en soient les conséquences personnelles ou professionnelles. Son dévouement à dire sa vérité et à plaider pour les autres en a fait une figure importante de la culture contemporaine.

Le parcours de Sinead O'Connor ne concerne pas seulement elle en tant qu'individu, mais en tant que représentante de ceux qui sont souvent ignorés. Elle a utilisé sa voix, non seulement pour chanter des mélodies belles et saisissantes, mais aussi pour dénoncer les injustices et sensibiliser aux problèmes de la société. Elle est un témoignage du pouvoir de l'authenticité, du courage et de la conviction. En donnant une voix aux sans-voix, Sinead O'Connor nous rappelle le potentiel transformateur de l'art et l'importance de s'exprimer pour ce qui est juste.

Ils voulaient la faire taire.
Censurée !

La saga de la campagne de Sinead O'Connor contre les abus de l'Église est un récit captivant d'une femme utilisant sa voix et sa plateforme pour une cause plus grande qu'elle-même. Son histoire représente une intersection de courage, de défiance et de vulnérabilité, éclairant le coût de dire la vérité aux puissants.

Dès son plus jeune âge, Sinead était plongée dans une culture catholique qui portait à la fois une intense dévotion et une sombre ombre d'abus non traités. Les sévères abus qu'elle a subis au sein de sa famille et l'éducation religieuse stricte et oppressive qu'elle a connue l'ont confrontée aux dures réalités que les institutions pouvaient parfois protéger sous le vernis de la piété et du pouvoir.

Ses actions audacieuses sous les feux de la rampe, y compris son moment infâme à Saturday Night Live, où elle a déchiré une photo du Pape Jean-Paul II en proclamant "combattez le véritable ennemi", ont mis en lumière ces problèmes. Il ne s'agissait pas d'actes de sacrilège ou de manque de respect, mais d'un effort courageux pour exposer l'abus insidieux qui se cachait au sein de l'Église catholique. La photo du Pape servait de symbole à une institution qui avait trahi la confiance de ses fidèles par son silence et sa complicité dans ces abus.

En agissant ainsi, cependant, Sinead s'est rendue vulnérable. Elle s'est dressée contre une institution puissante qui avait depuis longtemps influencé les sociétés du monde entier. La réaction a été sévère et rapide. Elle a été dénoncée, boycottée et exclue de certains espaces. Sa carrière musicale a été touchée alors que les stations de radio refusaient de diffuser ses chansons et son image publique était entachée. L'Église et son vaste réseau d'influence avaient réussi à jeter une longue ombre sur elle.

Pourtant, la détermination de Sinead n'a pas fléchi. À bien des égards, l'ostracisme qu'elle a subi n'a fait que souligner l'importance de son message. Elle avait affronté un Goliath et payé un lourd tribut personnel, mais en le faisant, elle avait amplifié une question cruciale et était devenue un phare pour de nombreux silencieux.

L'histoire de Sinead est un rappel du coût humain qui accompagne souvent la révélation de la vérité. Elle s'est levée pour les victimes d'abus lorsque c'était impopulaire et risqué, endurant le mépris et des difficultés professionnelles dans le processus. Malgré les ombres qui l'entouraient, Sinead O'Connor n'apparaît pas comme une figure brisée, mais comme une défenseure résiliente dont les actions ont éclairé les coins sombres d'une institution et ouvert la voie à des discussions et des changements nécessaires.

En considérant Sinead à travers ce prisme, les lecteurs peuvent mieux comprendre son parcours et développer une connexion empathique avec ses luttes et ses triomphes. Son histoire est un témoignage du pouvoir de la vérité, de la résilience et de l'esprit humain. Elle sert de rappel puissant que même lorsque nous faisons face à une grande opposition, il y a un immense pouvoir et un objectif à se lever pour ce qui est juste.

Le récit du parcours musical de Sinead O'Connor et de sa vie au-delà des projecteurs est celui de la résilience, de l'évolution personnelle et d'une exploration nuancée de l'intégrité artistique par rapport au succès commercial.
Après le tourbillon de controverses entourant sa prise de position contre les abus de l'Église catholique, les sorties musicales ultérieures de Sinead n'ont pas connu le même succès commercial que ses travaux antérieurs. Pourtant, ce déclin apparent de reconnaissance publique ne racontait pas toute l'histoire de son parcours artistique. Les classements n'ont peut-être pas reflété cela, mais Sinead était en train de subir une métamorphose profonde, à la fois en tant qu'artiste et en tant qu'individu. Libérée des attentes d'un attrait pour le grand public, elle s'est plongée plus profondément dans sa musique, créant un travail authentique, non filtré et parfois audacieusement défiant. Ses chansons sont devenues un vecteur pour son activisme, ses luttes personnelles et sa quête spirituelle continue. Les albums n'ont peut-être pas engendré de tubes ou dominé les classements, mais ils ont représenté Sinead dans sa forme la plus pure : brute, réelle et incroyablement honnête.
Cette période a également marqué le confort croissant de Sinead avec son indépendance. Après avoir enduré les railleries publiques, elle a trouvé du réconfort dans sa capacité à créer de la musique selon ses propres termes. Cela ne signifiait pas que le chemin était facile ou dénué de difficultés ; au contraire, Sinead a lutté contre un ensemble de problèmes personnels et de santé mentale. Mais elle a préservé son sentiment de soi, vivant sa vie d'une manière conforme à ses croyances et à ses valeurs.

L'indépendance que Sinead a construite pour elle-même s'étendait au-delà de sa musique. Elle est devenue une défenseure engagée de la santé mentale, utilisant sa plateforme pour sensibiliser aux luttes auxquelles elle et beaucoup d'autres sont confrontés. À travers son militantisme, elle cherchait à démanteler la stigmatisation entourant la santé mentale, éclairant les défis et les complexités avec la même honnêteté brute qui caractérisait sa musique.

Ainsi, malgré le déclin commercial de sa carrière musicale, le parcours de Sinead O'Connor n'est pas celui de la défaite, mais de la victoire personnelle. Ses albums ultérieurs n'ont peut-être pas connu le succès grand public, mais ils ont capturé une femme naviguant dans les eaux tumultueuses de la vie avec résilience, authenticité et un engagement inébranlable envers sa vérité.

En racontant ce chapitre de la vie de Sinead, nous découvrons le portrait d'une femme qui a trouvé sa force face à l'adversité et construit une vie qui, bien qu'inhabituelle, lui appartient en propre. Elle témoigne du pouvoir de l'authenticité et de la beauté de vivre sa vie selon ses propres termes. Son histoire nous incite à l'aborder non pas avec pitié ou dénigrement, mais avec respect, empathie et une compréhension plus profonde du parcours qu'elle a entrepris.

Sinead O'Connor est apparue sur la scène mondiale avec une esthétique distinctive qui a défié les normes et les attentes prédominantes pour les artistes féminines. Elle était autant une icône visuelle qu'une icône musicale. Sa tête rasée, un départ marqué des normes conventionnelles de féminité, est devenue un symbole puissant de son refus de se conformer et de son engagement envers l'authenticité. Dans cette exploration, nous plongeons dans la manière dont ce choix audacieux a résonné et résonne encore dans le monde entier, déclenchant une révolution de la mode et servant de phare pour d'innombrables jeunes femmes.

À une époque où l'image des artistes féminines était souvent soigneusement cultivée et polie à la perfection, le crâne rasé de Sinead était une déclaration défiant. C'était un rejet intentionnel de la pression sur les femmes, en particulier celles sous les feux de la rampe, de se conformer à une idée spécifique de la beauté. L'apparence de Sinead ne visait pas à plaire aux autres ni à se conformer aux normes de la société ; c'était une manifestation visible de son identité et de ses croyances, une représentation de son honnêteté brute et de son esprit intransigeant.

Ce choix esthétique audacieux n'était pas sans controverse, mais il était également profondément valorisant pour de nombreuses jeunes femmes à travers le monde. L'adoption défiant de l'image unique de Sinead leur montrait qu'il y avait plus d'une façon d'être une femme, plus d'une façon d'être belle. En elle, elles voyaient un modèle de courage, d'authenticité et d'individualité.

Sa tête rasée est devenue une toile sur laquelle elle a peint un message puissant : la beauté ne consiste pas à se conformer aux normes de la société, mais à embrasser et célébrer son individualité. Ce message a profondément résonné auprès de ses fans et a inspiré beaucoup de gens à remettre en question leurs propres préjugés sur la beauté et la féminité.

Dans le monde de la mode, l'influence de Sinead a été sismique. Son choix esthétique audacieux a provoqué des ondes de choc dans l'industrie, incitant à une réévaluation des normes de beauté conventionnelles et inspirant les créateurs et stylistes du monde entier. La coupe à la garçonne, autrefois considérée comme un symbole de rébellion, était maintenant vue comme un symbole d'autonomisation, inspirant une vague de femmes à adopter ce style.

Le choix audacieux de Sinead O'Connor de se raser la tête était bien plus qu'une préférence de style personnelle. C'était une déclaration puissante d'identité, un défi aux normes de la société et un phare d'expression de soi qui continue d'inspirer des millions de jeunes femmes dans le monde entier. En embrassant son esthétique unique, elle est devenue un symbole de force et d'individualité, démontrant que la beauté et la féminité ne consistent pas à se conformer, mais à être authentique.

L'impact de Sinead sur le monde ne se limite pas à sa musique seule. Sa tête rasée - l'incarnation de son audace audacieuse et de son authenticité inébranlable - sert de témoignage à son influence et au pouvoir résonant de son message. Son esthétique unique et la révolution de la mode qu'elle a déclenchée témoignent de son rôle en tant qu'icône, influenceuse et modèle pour des millions de jeunes femmes à travers le monde.

Dans le domaine de la musique, l'image est un outil puissant de communication. Pour Sinead O'Connor, son image n'était pas simplement une stratégie marketing, mais une expression profondément personnelle de son identité unique et des problèmes sociaux auxquels elle croyait passionnément. Alors qu'elle naviguait dans l'industrie musicale, Sinead O'Connor a révolutionné le concept de féminité dans la culture populaire et s'est imposée comme une icône puissante de l'autonomie féminine.

L'aspect le plus frappant et emblématique de l'image d'O'Connor était sans aucun doute sa tête rasée. Ce rejet audacieux des normes conventionnelles de beauté féminine était une déclaration puissante, remettant ouvertement en question les attentes de la société sur la manière dont les femmes, en particulier les célébrités féminines, devraient paraître. La calvitie d'O'Connor ne visait pas à créer un effet de choc. Elle symbolisait plutôt son refus d'être réduite à un objet, son insistance pour être reconnue pour son talent, ses idées et ses convictions plutôt que pour son apparence physique.

La simplicité défiant de son apparence, associée à ses performances émotionnelles brutes, mettait l'accent sur sa musique et son message. L'image qu'elle projetait était celle de l'authenticité et de l'émotion brute. Son apparence est devenue une extension de sa musique, renforçant chacune la vérité brute et non vernie de l'autre.

Dans un monde où les artistes féminines étaient souvent (et le sont toujours) sous pression pour se conformer à certaines normes de beauté, O'Connor se démarquait. Elle montrait qu'il était possible de réussir dans l'industrie à sa manière, sans compromettre son identité ou ses principes. Cette approche audacieuse et novatrice de son image a ouvert la voie à d'autres artistes féminines pour qu'elles puissent exprimer librement leur identité, contribuant ainsi à la conversation plus large sur l'autonomisation des femmes dans l'industrie musicale.

De plus, la persona publique d'O'Connor n'existait pas en isolation. Elle était inextricablement liée à son travail de plaidoyer, renforçant encore l'authenticité de son image. Sa franchise sur la santé mentale et sa critique des abus institutionnels faisaient partie intégrante de son image, consolidant sa réputation d'artiste qui n'avait pas peur d'aborder des sujets difficiles et controversés.

En essence, l'image qu'O'Connor s'est créée était un modèle innovant d'autonomisation féminine. Elle refusait d'être limitée par les normes de beauté conventionnelles et les attentes de la société, et son authenticité audacieuse en a fait une figure emblématique dans le domaine de la musique. Son image résonnait avec de nombreuses femmes et jeunes filles, leur offrant un modèle alternatif qui privilégiait l'authenticité, la vérité et la conviction plutôt que la conformité aux normes sociales. En fin de compte, son image n'était pas simplement une déclaration, mais un témoignage de son audace, de sa résilience et de son engagement inébranlable envers l'authenticité et la justice.

Santé mentale et physique

Dans le vaste et souvent tumultueux paysage de la vie de Sinead O'Connor, il est impossible de passer sous silence l'impact profond des problèmes de santé, tant mentale que physique, qui ont teinté son parcours personnel et professionnel. Ces problèmes de santé, exacerbés par un examen public intense et les pressions de la célébrité, offrent un regard important pour comprendre ses expériences et ses actions.

O'Connor a publiquement partagé sa lutte contre les problèmes de santé mentale, notamment le trouble bipolaire, une condition caractérisée par des périodes d'extrêmes changements d'humeur, incluant des hauts émotionnels (manie ou hypomanie) et des bas (dépression). L'oscillation imprévisible entre ces états peut être extrêmement perturbante, entraînant des difficultés dans la vie quotidienne et les relations. Dans le cas d'O'Connor, cela se traduisait souvent par un comportement erratique et des explosions émotionnelles, ce qui alimentait davantage la controverse publique autour d'elle.

Le stress de vivre avec le trouble bipolaire était sans aucun doute amplifié par les pressions de sa carrière et l'examen constant sous lequel elle se trouvait. Les réactions à son franc-parler, en particulier sa condamnation de l'Église catholique, auraient été extrêmement stressantes pour n'importe qui à gérer. Pour quelqu'un ayant une condition de santé mentale préexistante comme le trouble bipolaire, les conséquences étaient encore plus graves.

S'ajoutant à la tension psychologique était le péage physique que le stress et les problèmes de santé mentale peuvent exiger. Le lien entre la santé mentale et physique est bien établi : le stress chronique et les troubles de santé mentale peuvent entraîner toute une série de problèmes physiques, allant de troubles du sommeil à des systèmes immunitaires affaiblis, des maladies cardiaques, et plus encore.

Il y a eu des périodes dans la vie d'O'Connor où elle devait non seulement lutter contre la turbulence mentale du trouble bipolaire, mais aussi composer avec des problèmes de santé physique débilitants. Elle a subi une hystérectomie, a connu des déséquilibres hormonaux, et a été diagnostiquée à tort avec la fibromyalgie - une condition caractérisée par des douleurs musculo-squelettiques généralisées, de la fatigue, des problèmes de sommeil, de mémoire et d'humeur. Ces problèmes physiques ne faisaient que compliquer les difficultés qu'elle affrontait, ajoutant une autre couche à la complexité de son défi de santé. Le parcours d'O'Connor souligne l'importance de comprendre que la santé mentale est inextricablement liée à la santé physique, en particulier dans le contexte des pressions et des stress uniques associés à la célébrité. Sa franchise au sujet de ses luttes a ouvert des conversations cruciales sur la santé mentale dans l'industrie musicale, nous rappelant que même les étoiles les plus brillantes sont, en fin de compte, des êtres humains susceptibles aux mêmes vulnérabilités que nous tous. Ce qui ressort des expériences d'O'Connor, c'est sa résilience inflexible face à ces défis. Malgré le manège de sa santé, elle a continuellement trouvé des moyens de canaliser ses expériences dans sa musique et son activisme, incarnant l'éthos de sa chanson à succès "Nothing Compares 2 U". Pour beaucoup, sa lutte et sa persévérance font d'elle non seulement une icône musicale, mais aussi un symbole d'espoir face à l'adversité.

Défenseure de la santé mentale

Sinead O'Connor a fait preuve d'une louable franchise au sujet de ses expériences avec les luttes en matière de santé mentale, utilisant sa plateforme pour sensibiliser à l'importance du bien-être mental. Cette ouverture n'a pas seulement humanisé son image, mais a également contribué à déstigmatiser les conversations autour de la santé mentale, en particulier dans l'industrie musicale où de tels sujets étaient autrefois largement tabous.

Le parcours d'O'Connor en matière de santé mentale est un rappel poignant des luttes omniprésentes, souvent cachées, qui peuvent être liées à la célébrité et au succès. La chanteuse-compositrice a été ouverte au sujet de son diagnostic de trouble bipolaire, une condition de santé mentale caractérisée par des épisodes de dépression et de manie. Cette condition, qui affecte chaque aspect de la vie, du bien-être émotionnel aux relations interpersonnelles, était un fardeau qu'O'Connor portait tout en naviguant dans le monde déjà tumultueux de la célébrité.

Grâce à sa transparence, O'Connor a souligné la gravité du tribut que les problèmes de santé mentale peuvent exiger. Elle a révélé que, pendant longtemps, ses luttes étaient mal diagnostiquées et, par conséquent, mal traitées. Ce genre de mauvais diagnostic, malheureusement, n'est pas rare dans le traitement de la santé mentale et peut conduire à une détérioration de la condition, à des problèmes secondaires et à une période prolongée de souffrance inutile. De telles expériences mettent en évidence l'impératif d'un diagnostic et d'un traitement adéquats en matière de santé mentale.

Le parcours personnel de Sinead illustre de manière frappante à quel point ignorer la santé mentale peut être préjudiciable. Elle a partagé dans des interviews ses épisodes de dépression, d'idéation suicidaire et l'impact de la thérapie et de la médication sur sa vie. Ses luttes en matière de santé mentale ont été rendues encore plus complexes par l'examen public auquel elle était soumise, en particulier après son incident tristement célèbre à "Saturday Night Live" en 1992, où elle a déchiré en direct une photo du pape Jean-Paul II à la télévision. La réaction virulente qu'elle a reçue a probablement aggravé ses difficultés de santé mentale, illustrant à quel point la santé mentale est étroitement liée aux facteurs externes et aux réponses de la société.

Les expériences d'O'Connor, bien qu'étant profondément personnelles, résonnent avec de nombreuses autres personnes ayant rencontré des luttes similaires. Son courage à aborder ses problèmes de santé mentale a davantage mis en lumière le sujet, en remettant en question les stigmates sociaux et en encourageant d'autres à demander de l'aide. Son parcours souligne l'importance de reconnaître, plutôt que d'ignorer, les problèmes de santé mentale et la nécessité de compassion et de compréhension pour les aborder.

Bien que la carrière d'O'Connor ait été marquée par la controverse, c'est sa bravoure face aux luttes de santé mentale qui se distingue vraiment. Son histoire est un témoignage de résilience, un exemple inspirant d'un individu naviguant dans son parcours de santé mentale avec honnêteté et courage. Malgré les défis, O'Connor demeure une figure vibrante et influente dans le monde de la musique et au-delà, nous rappelant à jamais que rien ne peut être comparé à l'importance du bien-être mental.

Sinead O'Connor a été un phare d'inébranlable courage tout au long de sa carrière, sa vie se déroulant souvent comme un témoignage de l'esprit de résilience et de défiance contre l'injustice. Jamais encline à éviter la controverse ou les conversations difficiles, O'Connor a constamment démontré sa volonté de confronter l'injustice, peu importe les répercussions personnelles. Cette approche intrépide de l'activisme fait d'elle une figure captivante, bien que complexe, dans le domaine du discours public.

L'exemple le plus connu de la position intransigeante d'O'Connor contre l'injustice est sa performance à l'émission "Saturday Night Live" en 1992, au cours de laquelle elle a déchiré une photo du pape Jean-Paul II en direct à la télévision. Cet acte était une protestation contre l'histoire d'abus d'enfants de l'Église catholique, un sujet largement négligé ou totalement nié à l'époque. C'était une déclaration audacieuse et polarisante qui plaçait O'Connor directement dans le feu de la critique publique, marquant un tournant dans sa carrière et sa vie publique.

La position audacieuse d'O'Connor contre l'Église catholique était bien plus qu'un acte de rébellion ; c'était une bataille profondément personnelle. Élevée dans un environnement catholique rigide, elle a été témoin des dynamiques de pouvoir dangereuses que les institutions religieuses pouvaient abriter. Sa protestation, tout en étant publique et controversée, était aussi une expression de douleur personnelle et d'indignation face à un système qu'elle estimait l'avoir déçue, elle et d'innombrables autres. Cela démontrait son engagement profond envers la justice et son refus de rester silencieuse face aux méfaits, même si cela signifiait sacrifier sa réputation et sa position professionnelle.

Sa volonté de supporter ces conséquences personnelles dans la quête de la justice en dit long sur son caractère. Son courage est palpable, voire inspirant, alors qu'elle navigue à travers les complexités de sa vie publique et privée. Ses actions nous incitent à remettre en question le statu quo, à confronter des vérités inconfortables et à faire les sacrifices nécessaires pour le bien commun. À travers ses luttes et ses triomphes, elle met en évidence le pouvoir de la résilience, l'importance de l'intégrité et la valeur inestimable de se lever pour ce en quoi on croit, indépendamment des conséquences.

Cet esprit de défiance inébranlable, ce refus de rester silencieuse face à l'injustice, a marqué O'Connor comme une combattante. Mais il est crucial de noter que le combat d'O'Connor n'est pas seulement dirigé contre des injustices externes ; c'est aussi une bataille interne pour la santé mentale et la compréhension de soi. Dans cette optique, sa vie devient une leçon puissante de résilience, l'histoire d'une femme qui, malgré d'immenses défis, a continué à utiliser sa voix pour lutter contre les injustices, tout en gérant ses luttes personnelles.

Dans un monde souvent caractérisé par le silence et la conformité, la quête implacable de justice de Sinead O'Connor se distingue. L'histoire de sa vie sert de rappel puissant que le silence est souvent l'allié de l'injustice, et que parler, malgré les répercussions potentielles, est un témoignage d'un véritable esprit combatif. Son parcours est un témoignage de sa force et une illustration vivante du pouvoir d'une seule voix face à l'injustice systémique. À travers son engagement indéfectible envers ses convictions et son esprit inébranlable, O'Connor continue d'inspirer des millions de personnes à travers le monde.

Vie personnelle :
4 mariages ratés

Les complexités de la vie personnelle de Sinead O'Connor, y compris ses quatre mariages ratés, ne peuvent être sous-estimées ni simplifiées à l'excès. En tant que psychologue examinant ses expériences, on ne peut s'empêcher de percevoir le voyage émotionnel profond que représentent ces relations. Avec chaque relation, nous observons non seulement le schéma cyclique de l'amour, de l'engagement et de la dissolution finale, mais aussi la ténacité d'O'Connor et sa poursuite inébranlable de la connexion et du bonheur personnel.

Commencant par son premier mariage avec le producteur de musique John Reynolds, qui a vu la naissance de son premier enfant, O'Connor est entrée dans le domaine du mariage et de la vie de famille. Bien que le couple ait finalement divorcé, l'union symbolisait le désir d'O'Connor pour une certaine stabilité familiale - quelque chose qu'elle a peut-être désiré, étant donné sa jeunesse turbulente.

Ses mariages ultérieurs - avec le journaliste Nicholas Sommerlad, le musicien Steve Cooney et enfin Barry Herridge - sont chacun venus avec leur part de joie, d'attentes et, éventuellement, de déception. Ces unions ratées pourraient être perçues non pas comme un reflet des lacunes personnelles d'O'Connor, mais plutôt comme la preuve de son optimisme implacable, de sa croyance persistante en la possibilité de l'amour malgré les déceptions passées.

En analysant l'histoire maritale d'O'Connor, il est important de prendre en compte la charge émotionnelle et le stress potentiel que chaque relation et sa dissolution ont pu lui imposer. La fin d'un mariage peut déclencher des sentiments de deuil, d'échec et de peur de l'avenir. Pour quelqu'un sous les projecteurs, où la vie personnelle devient souvent de la matière à discussion publique, cela peut ajouter une couche supplémentaire de stress et d'examen minutieux.

Pourtant, la capacité d'O'Connor à se remettre de ces pertes et à continuer sa vie démontre une résilience impressionnante. Sa quête d'amour et de compagnonnage, malgré les déceptions du passé, met en lumière sa capacité à espérer. Chaque mariage raté, plutôt qu'un point de défaite, peut être vu comme faisant partie du voyage de découverte de soi d'O'Connor et de sa quête d'épanouissement personnel.

Il est important de noter que ses expériences illustrent la réalité souvent négligée que le bonheur personnel et l'épanouissement ne sont pas uniquement liés aux relations romantiques réussies. Malgré les tourments émotionnels que ses mariages ratés ont peut-être causés, O'Connor a continué à trouver un but et de la joie dans sa musique, son militantisme et son rôle de mère.

Le voyage à travers ces quatre mariages ratés est indicatif d'un récit plus vaste sur la résilience, l'optimisme et la quête inébranlable du bonheur personnel d'O'Connor. Malgré les revers, elle a constamment démontré sa capacité à aimer, à espérer et à avancer. C'est un témoignage de sa force et un message pour nous tous sur la résilience de l'esprit humain.

Le tragique suicide du fils de Sinead O'Connor représente une perte profonde, dont les effets sont étendus et profondément marquants. Pour pleinement appréhender la profondeur de cet événement tragique, il est important de l'aborder avec empathie, compréhension et respect pour le deuil immense qu'il engendre. En tant que psychologue, il est essentiel de le considérer dans le contexte de l'expérience humaine, reconnaissant la gamme d'émotions qu'il suscite et les façons profondes dont il peut remodeler la perspective sur la vie.

Le suicide, en particulier celui d'un enfant, représente l'une des expériences les plus bouleversantes qu'un parent puisse traverser. Cette perte est caractérisée par une forme unique de deuil, souvent accompagnée de sentiments intenses de culpabilité, de confusion et de profonde tristesse. Les parents peuvent se remettre en question, se demandant ce qu'ils auraient pu faire différemment, ou s'il y avait des signes qu'ils auraient pu manquer. Ces questions peuvent entraîner un sentiment dévastateur d'auto-blâme.

Pour O'Connor, une personnalité qui a vécu une grande partie de sa vie sous les feux de la rampe, le suicide de son fils représente non seulement une tragédie personnelle, mais aussi une tragédie publique. En tant que tel, le processus de deuil prend une autre dimension de complexité. L'attention du public et les médias peuvent intensifier les sentiments de vulnérabilité, rendant le processus de deuil encore plus difficile. Cependant, sa personnalité publique offre également l'occasion de sensibiliser à la santé mentale et à la prévention du suicide, offrant potentiellement du réconfort à d'autres ayant vécu des pertes similaires.

L'ouverture d'O'Connor quant à ses luttes passées avec la santé mentale ajoute une autre dimension à cette tragédie. En tant que personne ayant lutté contre ses propres démons, la perte de son fils par suicide pourrait avoir déclenché des sentiments d'empathie pour la douleur qu'il devait ressentir, amplifiant son propre sentiment de perte. Pourtant, dans cette tristesse, elle comprend également l'importance du soutien en santé mentale et pourrait utiliser sa plateforme pour mettre en avant ce point, transformant le deuil personnel en plaidoyer public.

Après une telle tragédie, la vision du monde d'un individu est souvent irrévocablement changée. Ce qui avait autrefois du sens peut maintenant sembler insignifiant, et la vie telle qu'elle était connue est à jamais altérée. La musique d'O'Connor, sa voix, sa personnalité - tous ces aspects de sa vie peuvent avoir pris une teinte différente à la lumière de cette perte personnelle.

Le processus de guérison après une telle tragédie est un voyage long et ardu, marqué par des moments de tristesse, de colère et, éventuellement, d'acceptation. C'est à travers ce voyage, cependant, que l'on trouve la résilience, la force et peut-être un sens renouvelé de la vie. Malgré la douleur immense, des personnes comme O'Connor parviennent souvent à avancer, portant leur perte non pas comme un fardeau, mais comme une partie du récit de leur vie.

En conclusion, le suicide du fils de Sinead O'Connor est un rappel poignant de la fragilité de la vie et de l'importance de la santé mentale. Alors qu'elle navigue à travers son deuil, son expérience sert de témoignage à la capacité de l'esprit humain d'endurer, de s'adapter et de trouver du sens face à la tragédie. C'est en comprenant et en empathisant avec son parcours que nous pouvons acquérir des perspectives plus profondes sur la condition humaine et le réseau complexe d'émotions qui entourent une perte aussi profonde.

La juxtaposition de la célébrité, de la solitude et des conflits forme un paysage émotionnel complexe, en particulier dans la vie d'une personnalité publique comme Sinead O'Connor. Chacun de ces éléments comporte des défis uniques et des implications pour le bien-être mental. En tant que psychologue, il est important de comprendre ces dynamiques dans le contexte de ses expériences et de leur impact collectif sur sa santé émotionnelle.

La célébrité peut être à la fois une bénédiction et une malédiction. D'une part, elle peut offrir les moyens de s'exprimer artistiquement et de se connecter avec le public à grande échelle. Elle peut apporter la reconnaissance, le succès financier et la capacité d'influencer. Pour O'Connor, cela lui a permis de donner une voix à ses convictions, à ses luttes et à ses talents de manière très publique. Mais la célébrité a aussi un côté sombre. Elle peut entraîner un examen intense, des critiques et une intrusion dans la vie privée. Cet examen peut être dur et implacable, comme O'Connor l'a vécu lors de sa protestation publique contre les abus de l'Église et à la suite du tragique décès de son fils.

Associée aux pressions de la célébrité, la solitude et les conflits forment souvent une trinité difficile. La solitude, parfois recherchée pour la réflexion et la régénération, peut également conduire à des sentiments d'isolement et de solitude, en particulier lorsque l'on est sous les feux de la rampe. L'ouverture d'O'Connor quant à ses luttes en matière de santé mentale met en lumière la solitude qui peut accompagner la célébrité. Le sentiment d'être incompris ou mal interprété peut être isolant, et la déconnexion entre la personne publique et la personne privée peut encore accentuer ce sentiment de solitude.

Le conflit est une partie naturelle des relations humaines et, lorsqu'il est géré efficacement, peut conduire à la croissance et à la compréhension. Cependant, lorsque le conflit est intense ou persistant, il peut entraîner du stress, de l'anxiété et un sentiment d'être constamment en état de bataille. Pour O'Connor, cela a souvent été le cas. Sa prise de position publique contre les abus institutionnels a été accueillie par une résistance significative et a conduit à des conflits personnels et professionnels. Ses luttes en matière de santé mentale et ses relations personnelles, qui comprennent quatre mariages ratés, ont également été marquées par des conflits.

L'interaction entre la célébrité, la solitude et les conflits crée un paysage émotionnel unique. Chacun peut amplifier les effets des autres, entraînant une pression intense, une détresse émotionnelle et un sentiment d'être constamment assiégé. Cependant, dans ce paysage se trouvent également des opportunités de croissance et de compréhension. Les expériences d'O'Connor fournissent un exemple poignant du potentiel de résilience et de plaidoyer face à l'adversité.

Le parcours d'O'Connor est un témoignage de son esprit de résilience et de son engagement envers l'authenticité. Malgré les immenses défis, elle a constamment utilisé sa plateforme pour plaider en faveur de la santé mentale et pour défier l'injustice. Cette résilience, alimentée par son dévouement à ses valeurs et à ses convictions, sert d'exemple de force et de courage face à l'adversité.

En conclusion, l'interaction de la célébrité, de la solitude et des conflits dans la vie de Sinead O'Connor offre une opportunité précieuse de comprendre les complexités des émotions humaines et l'impact des circonstances externes sur le bien-être mental. Par l'empathie et la compréhension, nous pouvons acquérir un aperçu de ses expériences et de la force de l'esprit humain pour endurer, s'adapter et continuer à rechercher sens et objectif.

L'année 2018 : La conversion à l'islam

La conversion de Sinead O'Connor à l'islam en 2018 a marqué une autre étape significative dans son parcours personnel. À bien des égards, cette transition peut être perçue à la fois comme une manifestation de sa quête continue de sens et comme un témoignage supplémentaire de son indépendance et de sa ténacité. D'un point de vue psychologique, il est essentiel d'explorer les dimensions émotionnelles et cognitives d'une telle transformation et son impact sur son bien-être mental et émotionnel.

Les croyances spirituelles servent souvent de piliers fondamentaux pour l'identité personnelle et les valeurs. Elles peuvent fournir un sentiment de dessein, offrir un cadre pour comprendre le monde et guider les actions et les choix. Dans le cas de O'Connor, son adoption de la foi islamique peut être perçue comme une extension de sa recherche continue de sens et de vérité personnels.
Les gens se convertissent généralement à une religion différente pour diverses raisons, souvent liées à l'épanouissement personnel, à l'alignement des croyances ou à une expérience spirituelle profonde. O'Connor a déclaré qu'elle avait "été musulmane toute [sa] vie" et

qu'elle l'avait réalisé "récemment". Une telle affirmation suggère qu'elle avait trouvé dans l'islam une maison spirituelle qui résonnait avec ses croyances et ses valeurs intrinsèques, lui procurant un sentiment d'accomplissement et de cohérence dans son cheminement spirituel.

Le passage à une nouvelle religion, en particulier une religion avec un ensemble distinct de croyances et de pratiques comme l'islam, implique souvent un changement cognitif et émotionnel significatif. Cette transition peut apporter un sentiment de paix et d'acceptation, mais peut aussi présenter de nouveaux défis. Il y a le processus d'apprentissage et d'intériorisation de nouvelles pratiques religieuses, le potentiel de changement dans l'identité personnelle et les éventuels changements dans les relations avec les autres qui pourraient ne pas comprendre ou soutenir la décision.

Dans le cas d'O'Connor, sa conversion à l'islam a été publique, et elle a partagé son nouveau nom musulman, Shuhada' Davitt, avec le monde. Comme pour ses autres décisions de vie, cette décision a été accueillie avec un mélange de soutien et de critiques, ajoutant une autre dimension à son récit public et apportant peut-être un nouvel ensemble de défis.

Il est à noter que la conversion d'O'Connor à l'islam a eu lieu après une série de luttes personnelles et de changements de vie. Les individus recherchent souvent une transformation spirituelle en période de tourmente émotionnelle, comme un moyen de faire face aux épreuves et de trouver de nouveaux chemins vers la guérison et la résilience. Sa conversion peut ainsi représenter un point pivot dans son cheminement vers la découverte de soi, la guérison et la croissance personnelle.

En essence, la conversion de Sinead O'Connor à l'islam est une illustration claire de sa recherche continue de soi, de spiritualité et de vérité. En tant qu'emblème de sa résilience, elle témoigne de sa capacité à évoluer et à se redéfinir en permanence au milieu des défis personnels et publics.

En tant que psychologue, comprendre ces expériences, en particulier leurs dimensions émotionnelles et cognitives, est essentiel pour appréhender son paysage psychologique unique et le jeu complexe entre ses croyances personnelles, ses expériences et son bien-être mental.

Alors que nous tirons les rideaux sur "Échos dans l'Obscurité : L'Histoire de Sinead O'Connor," je tiens à vous exprimer ma plus profonde gratitude, cher lecteur. Votre engagement avec l'histoire de Sinead n'est pas seulement un voyage à travers les pages d'un livre, mais une reconnaissance de la vie, de l'art et de l'esprit d'une femme remarquable. Le processus de retranscrire la vie de Sinead a été un privilège profond, et votre compagnie le long de ce voyage l'a rendu d'autant plus significatif.

Le silence de nombreux médias télévisuels après le décès de Sinead est à la fois perturbant et décevant. On ne peut s'empêcher de ressentir un profond sentiment d'injustice, une négligence douloureuse qui souligne l'indifférence plus large souvent témoignée envers les artistes qui, comme Sinead, ont choisi d'emprunter des chemins moins fréquentés et des voix moins entendues. Cependant, ce livre n'est pas seulement un défi à cette indifférence. Plus important encore, c'est une célébration de la vie de Sinead, une exploration de son art, et un hommage à son esprit indomptable.

Sinead O'Connor était une force de la nature. Sa musique transcendait les limites conventionnelles, son courage défiait les normes établies, et son authenticité brillait intensément, même dans les recoins les plus sombres de sa vie. Qu'elle se tienne devant un microphone ou une caméra, ou qu'elle vive sa vie loin des projecteurs, Sinead était toujours véritablement, irrévocablement elle-même. Elle a embrassé son parcours avec tous ses tumultes et ses triomphes, et en le faisant, elle nous a montré qu'il est possible de rester fidèle à soi-même, même lorsque le monde exige le contraire.

Notre intention avec "Échos dans l'Obscurité" était de veiller à ce que l'héritage de Sinead résonne avec le respect, l'admiration et la révérence qu'il mérite. Sa voix, sa musique, son esprit et son histoire, nous croyons, devraient résonner à travers les annales de l'histoire de la musique et de la culture populaire. Elle n'était pas seulement une musicienne ou une personnalité publique ; elle était un phare d'inspiration, un témoignage du pouvoir de l'authenticité et une championne de la vérité.

Alors que nous refermons ce livre, nos cœurs sont emplis d'un profond sentiment de perte, mais aussi d'une immense gratitude. Nous pleurons la perte d'une artiste extraordinaire et d'une femme remarquable, mais nous sommes également reconnaissants pour sa vie, sa musique et son esprit indomptable. Nous espérons que Sinead, où qu'elle puisse être, sait que son histoire continue d'inspirer, sa musique continue de résonner et son héritage continue de briller.

Merci, cher lecteur, de vous joindre à nous pour honorer la vie extraordinaire et l'héritage de Sinead O'Connor. Que ses échos continuent de résonner, apportant de la lumière dans l'obscurité, et nous inspirant tous à vivre avec authenticité, courage et grâce. Alors que nous remettons ce livre sur l'étagère, portons en nous les échos de Sinead, nous rappelant la belle symphonie qu'a été sa vie.

Que son âme repose en paix, et que ses échos vivent éternellement.

Christian Schio et Luisa Dulac